初中英语课堂构建与大单元教学实践

CHUZHONG YINGYU KETANG GOUJIAN YU
DADANYUAN JIAOXUE SHIJIAN

李树静◎著

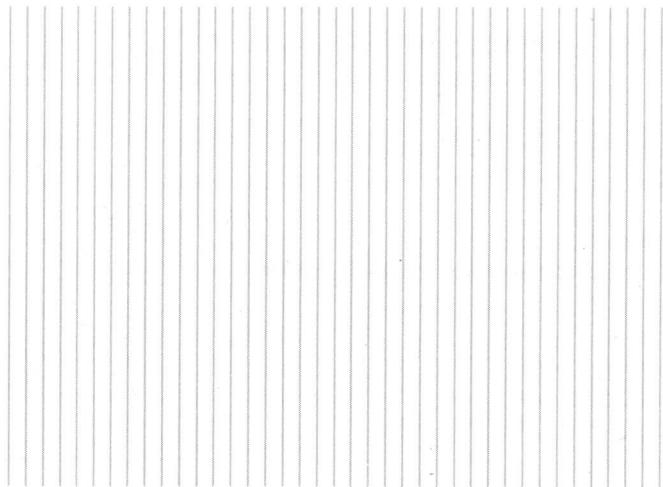

中国纺织出版社有限公司

图书在版编目（CIP）数据

初中英语课堂构建与大单元教学实践／李树静著
. --北京：中国纺织出版社有限公司，2023.6
ISBN 978-7-5229-0654-6

Ⅰ．①初… Ⅱ．①李… Ⅲ．①英语课－课堂教学－教学研究－初中 Ⅳ．①G633.412

中国国家版本馆 CIP 数据核字（2023）第 097208 号

责任编辑：毕仕林　国　帅　　责任校对：江思飞
责任印制：王艳丽

中国纺织出版社有限公司出版发行
地址：北京市朝阳区百子湾东里 A407 号楼　邮政编码：100124
销售电话：010—67004422　传真：010—87155801
http://www.c-textilep.com
中国纺织出版社天猫旗舰店
官方微博 http://weibo.com/2119887771
三河市宏盛印务有限公司印刷　各地新华书店经销
2023 年 6 月第 1 版第 1 次印刷
开本：710×1000　1/16　印张：11
字数：190 千字　定价：98.00 元

前　言

英语作为重要的信息载体,已成为人类生活各个领域中使用最广泛的语言之一。初中英语教育作为我国公民素质教育的重要组成部分,其课程在基础教育发展战略中占有突出的地位。当前,我们需要从学生的学习兴趣、生活经验和认知水平出发,构建体验、实践、参与、合作与交流的课堂,发展学生的综合语言运用能力。另外,英语学科核心素养为英语课程指明了新方向和新目标,大单元正是将核心素养整合于英语教学中,重构符合教学实际的新知识系统,实现了教学设计与素养目标相对接,以更好地发展学生的英语学科核心素养,培养学生"用英语做事情"的能力。

鉴于此,笔者撰写了《初中英语课堂构建与大单元教学实践》一书,全书在内容编排上共设置六章,分别是:初中英语课堂的理论审视、初中英语课堂教学内容构建、初中英语课堂有效教学构建、初中英语课堂活动具体构建、核心素养下的英语大单元教学、初中英语大单元教学实践研究。

全书结构清晰,客观实用,在内容上通俗易懂,强化了理论的系统性,构成要素完整。本着务实、求新与开拓的精神,本书对初中英语课堂构建与大单元教学实践进行详细论述,使读者能够从理论上获得指导。同时,本书文字精练,行文准确,表达简明扼要,力求做到学术性、科学性与可读性并重。

笔者在撰写本书的过程中,得到了许多专家学者的帮助和指导,在此表示诚挚的谢意。由于笔者水平有限,加之时间仓促,书中所涉及的内容难免有疏漏之处,希望各位读者多提宝贵意见,以便笔者进一步修改,使之更加完善。

李树静

2023 年 3 月

目　录

第一章　初中英语课堂的理论审视

第一节　初中英语课堂教学的要素

教师、学生、教学内容和教学媒体构成了初中英语课堂教学过程中的诸多要素，各要素之间互相作用，互相影响，组合决定初中英语教学成效。

一、教师

英语教师在英语教学活动中扮演着设计者、组织者、督导者、检测评估者和矫正优化者等角色，他们是英语教学效果好坏的首要因素。要提高初中英语课堂效果，必须发挥好教师的主导作用和学生的主体作用，这就要求教师转变教育理念，创新教学方法，激发学生学习兴趣，培养学生自主探究能力，促进其全面发展。如何做好初中英语教学成为每个英语教师必须思考和解决的问题。

①在初中英语教学过程中，教师应对课堂教学进行总体设计，提高教学效果。初中英语教师应根据初中英语课程标准和英语教材的要求，从学生的整体基础、学习状态、课堂氛围等方面进行考虑，充分挖掘现有的初中英语教学资源，采用灵活多样的教学方法，创造良好的现实教学环境。设计时应注意五个方面：一是制订明确具体的教学进度；二是选择合适的教学内容；三是合理安排教学活动的顺序；四是做好充分而有效的课前准备工作；五是制订科学合理的作业布置方式。教师还要根据教学目标，采用灵活多样的方法。例如，学法与检测相结合，适当延长教学时间等，使其更好地融入实际教学过程中。

②在初中英语教学中，教师应充分发挥自己的作用，让学生主动参与到英语课堂教学中。为了培养学生学习的自主性、合作意识和探究精神，教师应在课前充分了解学生的知识水平、性格特点以及性别差异等情况，并根据这些因素选择合适的小组成员。每个班级都有一定数量的优秀学生参与到课堂中，且为使他们

得到更好的发展，教师应让其充分展示自己的才能。教师要注重培养学生自主学习能力。在整个教学过程中，教师应引导每个学生独立完成探究任务。

英语课堂教学是师生共同参与的教学活动，包括听、说、读、写等系列活动。教学过程可分为创设情景、激发兴趣、即兴演示、归纳提炼、强化巩固和迁移应用等环节。而这一切都需要通过师生之间有效互动才能实现。因此，在课堂上，教师必须精心设计提问策略，并注意把握好教学方法，如运用设疑激趣法。教师在教学中应针对不同环节特点积极营造生动活泼的教学气氛，在教材内容和现实生活之间寻找契合点，力求让学生从知识获得到能力提升，让学生的学习态度从被动接受到主动产生，让他们的情感体验从被动接受到主动地、有意识地汲取知识。教师还要注意引导学生对学习内容进行深入的思考，对学习过程给予正确的价值评判。

在初中英语教学中，教师应积极引导学生进入最佳的学习状态。学习新知识很有挑战性。面对疑难，学生难免会出现惧怕、回避、懈怠甚至放弃的消极心理，进而影响学习效果。因此，教师应努力营造一个宽松、和谐的学习氛围，让每个人都能体验到成功的喜悦。只有这样，才能最大限度地激发出学生学习英语的兴趣与激情，提高他们的学习效率。这一状况需要教师在教学中及时调整教学内容与难易程度，并在知识层次上进行梯度调整，让学生学得轻松流畅。

教师在教学过程中应随时关注自己的教学态度和情感。对学习费力或精神松懈的同学应能有耐心地、和颜悦色地进行指导和提醒，开展鼓励教学；对那些思维敏捷、成绩优异、态度积极、心神集中的同学更要适时赞美、适当拔高，充分发挥其榜样的力量，起到对其他同学的激励、表率和推动作用；对那些偶尔会产生对立情绪的同学则应善言抚慰，并在课下个别教育。

总而言之，教师要努力营造一种宽松、民主、愉悦的课堂教学氛围。另外，教师要用宽容的心对待每一个学生，让每个学生都能得到积极发展。教师要讲究语言艺术。教师要注意端正自己的教学态度，教学语气应富有启发性和鼓舞性，营造和谐融洽的课堂气氛，使整个教学过程充满激情与活力，最后取得良好的教学效果。

③在初中英语教学中，教师应根据自己的实际情况，精心设计好教学活动，规范自己的教学行为，以保证课堂教学顺利进行。英语课堂的教学设计是一种动态的活动，它不是对以往教学过程的简单重复，而是一个不断变化和调整的过程，教师可以根据学生学习情况随时改变自己的策略或方法，也可以通过一些适当的变数来调控英语课堂的状态，从而达到预期的教学目标，这是一次有益的尝

试。在教学过程中，教师应不断提高对教学质量的认识，树立正确的评价意识。只有将这一观念贯穿于日常的英语教学实践活动之中，才能更好地促进初中阶段英语教学水平的提升。教师应从教学目标设置是否适宜、教学环节设置是否齐全、教学内容设置是否饱满、教学进展是否顺畅、教学重点设置是否围绕现实、难点设置是否有所突破以及教学方法设置是否得当等方面来评价和反思。教师应围绕学生在课堂中的反映和表现，考虑学生在学习过程中的自主性、合作性及探究性体现得是否充分。教师应考虑教学各个环节中时间安排得是否合理，学生对课堂气氛总体态度，哪些内容须改进和提高，下节课中最应关注哪些问题等诸项内容来评价。

在初中英语教学过程中，教师应以新课标为指导，以提高教师自身素质为主线，不断提升教师教学能力。一名合格的初中英语老师，既要具有较高的专业素质和良好的职业道德修养，又要有科学的教学方法，只有这样才能适应新课程改革的需要，更新教育观念。另外，教师要摆脱滔滔不绝地讲解和灌输，发挥教师在设计教学、组织教学、监督和评价教学等方面的作用，纠正和优化教学行为的综合作用，让教学活动更有生气和效果。

二、学生

学生是初中英语课堂教学的要素之一，因此我们应强调学生的主体作用。学生的主体作用，主要体现在学生在学习过程里，能掌握主动权，能够主动、自觉、积极地学习。教师要深入了解学生英语学习的规律，认知结构和情绪、爱好，用启发的方法不断地调动学生的主动积极性，使他们在教学中处于主体地位，这样才能取得良好的学习效果。

（一）在教学中发掘学生的主体作用

学生的主体作用简而言之，就是学生以学习活动主体的身份存在于教学过程之中，并能主动地开发其潜能。就心理学角度而言，这是一种积极而主动的心理现象；就社会学角度而言，这是人的社会化进程中最重要的环节；就教育学角度而言，这是素质教育不可忽视的一个方面。学生是教学活动的主体，教师是教材的解读人，各种教学手段都要围绕着"学"来进行。在教学过程中调动学生学习的主动性和积极性，关键要从内因入手，培养他们的智力和情感意志等方面的能力，使之充分发挥学习中的主体作用。

初中英语的教学不是简单的"学"或"教"的过程。英语教学不仅要培养学生"听、说、读、写"的能力，更重要的是使他们学会如何运用所学到的知识进行自主学习。因此，在课堂教学中必须重视对学生思维方式的指导。语言教学是一个复杂的自然过程，在这个自然过程中，教师与学生、学生与教材之间都存在着相互影响和作用的关系，因此教师要善于利用教材。初中英语教学要培养学生积极思考的思维方式，运用"交流-互动"的教学形式，如学生自学、小组讨论、互相交流等，发挥学生学习的自主性和积极性，使他们积极主动地发现问题、研究问题、探究知识，从而发展他们的思维能力以及分析、解决问题的能力。

（二）教学效果以学生学习效果为依据

英语学科区别于其他基础学科，属于实践课范畴，学生语言技能的形成与提升需要通过亲身实践。因此，要想取得良好的教学效果，就要求教师在教学中不仅要关注学生的学习效果，更要注重让学生多读多写，激发学生的主观能动性与参与性。在这一认识理论指导下，学生学习英语不仅要掌握新旧知识之间的联系，还要提高自己的语言能力，使学到的理论知识能够进行自动应用，并能通过自身实践来实现这一目的。因此，英语教学的根本目的在于促进学生主动参与、乐于探究、勤于动手。总而言之，初中英语教学需要以学生为主。

（三）教学过程离不开学生的主体作用

现代化的教学过程，也是师生双方都参与其中的认知过程。在这个过程中，学生不仅要学会听、说、读、写，还要学会运用自己的头脑去分析问题、解决问题。学生是学习的主体，也是初中英语教学的主要对象。在整个教学过程中，师生之间存在着双向传递信息与反馈信息的纽带，师生也是进行各种教学活动的基本单位，教室课堂是师生间进行各种交流活动的场所。因此，教师在初中英语教学中应充分发挥学生学习的主动性，让他们成为课堂的主人，从而更好地提高教学质量。因此，教师应积极引导，激发学生的兴趣。教师的主导作用是科学的而非任意参与的，应以接收的学生反馈信息为基础，对教学过程进行调控与调节，从而更加充分发挥学生主体作用。

（四）学生主体作用的发挥影响教学评价

在评价教学效果时，不应单纯地看教师课堂上讲得是否形象生动，技术是否娴熟，更重要的是要看学生的主体作用有没有充分发挥出来，学生学习的积极性和主动性有没有被激发出来，他们实际应用语言的本领有没有真正提高，他们的学习方法有没有端正，他们的学习习惯有没有形成，他们的智力有没有发展等，这些都是课堂教学中不容忽视的重要问题。因此，要想使教学取得理想效果，教师必须充分发挥学生在教学活动中的主体作用。

教学以"人"为中心，激发和培养学生学习英语的兴趣。只有这样，学生才能真正成为课堂的主人，从而充分发挥教师的指导作用。目前，作为教学主体的学生在整个教学活动中始终处于被动地位，他们对知识的理解和掌握大多是以老师讲解为主，并且通过机械性背诵来达到学习目的，这就忽视了对学生能力的培养。因此，充分发挥学生在课堂上的主体作用，克服传统的教学不足已成为初中英语教学的当务之急，这也要求我们广大教师转变教学观念，深化教学改革。

教师主导作用与学生主体作用的有机结合就是解决这一问题的有效途径之一。在整个教学中，教师是主导，而学生则是学习的主体，因此在英语课堂教学中，教师要引导学生主动参与到学习中来。在英语教学中，教师应充分调动起学生学习英语的积极性和主动性，使他们真正成为课堂学习的主人。只有这样才能更好地培养出合格的人才。如何发挥好这两者，以学生为本，是这一进程的起点。组织好课堂教学，不仅要发挥教师主导作用，还要真正体现学生主体。

三、教学内容

初中英语课堂的教学内容、教学目标和教学重难点等的制订应立足于学生现有的知识水平，以交际法进行语言教学作为理论依据。作为一名英语教师，要针对学生年龄特点充分利用创设情境教学法等各种教学手段，运用多媒体手段及直观教具把所要教授的知识形象而又层次分明地呈现给学生，把传统教学媒体与现代教学媒体有机结合起来，增强学生视听感觉，使他们全身心投入学习活动之中，激发他们的学习兴趣与求知欲望，这样才能较好地促使他们的主体作用得以充分发挥。

英语教学是语言交际的过程，也是师生之间、学生之间进行沟通与交流的桥梁，更是实现"我教你学"目标的有效途径之一。在初中英语教学中，教师要引导学生通过各种交际活动来学习英语。认识活动是人与人之间的相互作用过程。学生对英语的兴趣与爱好，教师对教学规律的把握程度以及教学规律对学生产生的客观效应等都会影响这种互动。营造宽松和谐的气氛，提高教学效果；营造真实的交际环境，增强互动交流的效果。教师要通过各种方式拉近与学生的距离，使师生关系更加融洽，如角色扮演等。英语教学是以发展学生交际能力为目的，重视交际策略的研究与运用，在努力营造虚拟真实情景、开展虚拟真实交际过程中，主动培养课堂真实交际气氛。

四、教学媒体

英语作为语言学科和语言交流工具。新课程改革在全国范围内实施，对初中英语教学提出了更高的要求。如何提高教学质量并培养出符合时代需求的新型人才，成为摆在每一个教育工作者面前亟待解决的难题。初中英语教师要结合英语学科的特点，依据新课程标准要求科学地选择教学媒体手段，设计教学环节，优化教学方法，整合教学资源，在课内与课外协助初中英语教学工作，提高课堂教学趣味性，互动性与高效性，让初中英语教学改革更好更快开展，促进学生英语运用能力与应对问题能力的提高。

①随着科学技术的进步与发展，多媒体技术在课堂教学中已被广泛应用。多媒体技术与初中英语教学相结合是新课程改革的要求，也是实施素质教育的需要。在初中英语教学过程中，合理运用多媒体技术，制作高质量的多媒体课件，不仅可以激发学生学习英语的兴趣，而且能提高学生学习的自主性，培养学生的信息素养及综合素质，从而提高课堂教学质量。

②多媒体技术是一种集文本、图形、形象、视频图像及动画于一体，通过计算机进行处理和控制的一种新型电子信息技术。它具有图文并茂、声像俱佳、动静皆宜、跨越时空的特点，可以创造出一个有声有色、生动逼真的教学系统，使抽象的教学内容具体化、清晰化，给学生以眼、口、脑并用的感觉。

③当前是信息技术飞速发展的时代，也是网络时代。在传统的英语教学中，教师往往利用多媒体技术或利用计算机进行教学，但一堂课下来，很少有教师对课件制作进行指导，也很少有教师注重课件的视觉效果，更侧重于让学生更好地学习，而不是通过课件制作来学习多媒体。还有一些教师对多媒体教学手段不够重视，没有把它作为一种教学方法来使用，没有充分发挥出多媒体技术的作用。

④目前，我国英语课堂上仍普遍存在着重形式、轻实质等问题。信息技术与其他学科的整合不够理想。在英语教学中教育工作者要巧用现代信息技术，对多媒体课件进行科学开发与选用，对饶有趣味的教学软件进行精心设计，让其不仅能够将感性材料用直观、形象的形式展现出来，引发学生对学习的兴趣，还能够

用翔实的数据信息激发学生学习的主动性。现代信息技术形象化、多样化等特点，可真正弥补多媒体技术跟随传统教学模式进行有机整合的缺陷，引起学生对英语学习的认识，充分展现多媒体辅助教学优势，提升学生信息素养，实现初中英语教学目标与信息技术教育目标之间的融合。

⑤在英语教学中合理地应用多媒体技术，可以丰富英语课堂教学内容，拓宽学生的视野和思维。在英语课堂教学的起始阶段，教师应充分利用多媒体技术制作教学课件，给每一个学生展示自我的机会，从而激发他们的学习兴趣和强烈的学习动机及求知欲望。学生由内到外都有一种"我要学习"的欲望，所创造出来的场景才可称为成功。同时，教师要充分尊重学生的主体地位，发挥多媒体的优势，使多媒体教学手段真正成为提高教学质量的有力工具。

⑥在初中英语教学中运用多媒体技术，可以充分调动学生学习的积极性和主动性。学生依据多媒体所营造的英语学习场景，基于独立思考，采用小组合作学习为主的方式，针对教师和学生所提的英语问题进行探讨。教师在解答辩论时鼓励组员都参与其中，给每位同学发表自己观点的机会，使同学们都能探究、体验并参与整个学习过程，从而促使同学们主动积极地去获得知识。教师对学生之间的合作交流、切磋和探讨，以及对问题的发现、分析和解决等活动，都要及时地给予评价。这种方法不仅有利于激发学生兴趣，活跃课堂气氛，培养其创新精神和实践能力，还有助于提高课堂效率。初中英语的教学目标是通过自主探究活动使学生学会运用所学语言材料表达思想。课堂教学评价可分为学生自我评价、伙伴互评和教师评价三大类。"学生自评"的内容是"说出自己"；"伙伴互评"是"大家评我"；"教师评我"是"教师心目中的自己"。这一做法能起到评价激励作用、维护学生自尊心、提升学生自信心的作用，还可极大地提升学生思维能力。

⑦利用现代信息技术，让学生把所学的新内容应用于实际的各种特定问题情景中，能强化新知识的巩固运用。教师可通过课堂小测等形式来考查学生学习目标的实现程度，并及时纠正不足和失误。教师也可指导学生用英语初步思考观察，分析实际社会并解决日常生活和其他学科中存在的问题，体验英语与自然和人类社会之间的紧密联系。这些活动可培养学生自主学习的意识和习惯，提高他们分析问题、解决问题的能力，促进其综合素质的全面发展。在这一环节中，教师能使学生对所学的基础知识和基本能力进行自我评估，同时培养学生合作、交流、探究，以及研究问题、解决问题的能力。

创新教育是以创造为核心的教育。因此，创新能力已成为我们对教育人才的基本要求，也是现代科学发展的需要。初中英语教学是提高学生素质、发展学生创新能力最主要的途径。其质量的提高与创新能力的发展不只体现在知识的累积上，还体现在学生的知识获取过程中英语学习质量与创新能力的发展上。

第二节　初中英语课堂的教学规划

初中英语教学规划任务非常艰巨，在宏观上需要国家和社会在环境方面给予相关扶持，在微观上还需要教师与学生相互配合。教师的作用不容忽视，既是课堂教学的规划者，也是实施者。要想英语教学质量不断提升，英语课堂教学更加的高效，课堂教学更加有效，教师就要打造标新立异的教学理念，实施更加富有新意的教学策略。

有效教学规划包括准备、实施和评价三个阶段。这三个阶段也是评判教师处理具体问题行为方式的标准。下面也将按照这三个阶段，探讨实现初中英语教学规划的措施和策略。

一、初中英语课堂教学准备的规划

针对目前英语教学中存在的问题，要实现有效的教学准备规划，需要考虑以下三个方面：

（一）备"教师"

有效教学的目标是促进学生的进步与发展，但是教师的存在可能会限制学生学习的主动性，降低学生的学习效率。不难看出，教师的精心尽力以及科学有效的教学是实现有效教学目标的基础和前提。为此，国际上，一些举措用来发展外语教师的专业水平，扎实在职教师的语言基础能力，改善交际能力的灵活性，培养敏锐的跨文化意识，提升教学科研能力。

初中英语课堂教学的根本理念在于树立一切为了学生的新发展理念，开展有效发展学生的教学活动。应试教育不应成为教师的教育宗旨，不应单纯地将学生看作以成绩为唯一目的的人，而是处于发展中的人。一切教学活动和教学设计都要从学生的全面发展的理念出发，为学生提供适宜的学习条件和发展机会。

（二）备"学生"

教师只有将学生作为学习的主体，才能有效地实现教学规划。实现有效教学的必要前提是从课前的备"教材"转变为备"学生"。在完成既定的教学内容和教学任务的基础上，实现英语课堂教学的有效性重点工作是发展和提升每个层次的所有学生的知识和能力。想要每位学生都能得到进步和发展，就要促使教学思想、教学任务、教学方法、教学策略、教学内容的广度和深度以及讲授的顺序个性化，使各个层次学生的不同需求都能够得到满足。

备"学生"的具体含义是指：一方面，教师要深入了解对班上每一位学生学习的具体情况，如学生的智力水平、能力水平以及学习风格。另一方面，教师要鼓励不同层次的学生获得不同层次的发展，允许学生之间存在差异性。设计多种教学方式，在学生已有的知识经验基础上开展教学，因材施教，教学活动的难度要满足各个层次的学生需求，寓教于乐，提升整体参与度，在活动中体验学习乐趣，获取学习知识。与此同时，期望学生、信任学生、表扬学生要不断进行。教师评价学生活动也要及时，努力发现学生的优势和长处，在学习上鼓励与帮助学生，认可学生一点一滴的努力与进步。教师给出的评价能够给予学生宝贵的针对性信息，从而促进学生的学习积极性。

（三）备"教材"

教师完成英语教学，需要依托英语教材，教学准备的核心工作在于如何有效地处理教材。修订和发展教材是教学工作的一部分，也是不断创造的过程。教师只有努力理解教材，将教材中的内容转化，变成属于自己的教材，才能使教学更加有效。备"教材"需要选择合适的时机，补充调整教材内容。这不仅要求在使用教材上有灵活性，紧紧依托教材，更需要按照学生具体情况，开展实践教学活动。

二、初中英语课堂教学实施的规划

教学实施规划是实现有效教学的关键。转变教学模式，重视情感教学的作用，营造积极和谐的课堂气氛，运用多种教学形式和方法，开展生动的英语活动，诱发学生的学习兴趣，是教学实施规划需要考虑的重点内容。要实现有效的教学实施规划，需要考虑以下六个方面：

①转变教学模式，发挥学生的主体性。以教师为中心的传统英语课堂教学模式已经过时，其忽视了学生才是课堂主体。学生不能被动地、机械地接受知识，而要充分发挥主观能动性、创新能力以及实践能力。要想使教学更加有效，学生积极主动地参与思考必不可少。因此，我们应该转变教学模式，发挥学生的主体性。

②重视情感教学作用，建立融洽的师生关系。情感态度与英语学习呈现出正相关性。正面的情感态度不仅能够将学生学习英语的兴趣成功激发出来，还能够使学习更加有效。由此可见，有效教学离不开良好的师生关系，建立良好的师生关系关键在于，教师有必要充分了解学生，与学生沟通和交流。师生关系越融洽，学生与老师的沟通和交流越顺畅，这样能够促进学生理解和掌握教学目标、教学方法、教学内容时更加高效。

③培养课前预习习惯，提升学生的自主学习能力。培养学生的学习兴趣是初中阶段英语教学的主要教学目标，可以增强学生学习英语的自信心，让学生养成自主学习的习惯，从而形成有效的学习模式。也就是说，相比知识，学生学会学习更重要。因此，培养学生学习习惯，提升自主学习的能力才是教学的最终目的。

④丰富教学形式和方法，激发学生的学习兴趣。想保证活跃课堂气氛、提高教学效益，教学方法和教学形式是基础，教学形式和方法的丰富主要依托于教师创造性与教育艺术性表现。在英语学习过程中，在特定的语境中恰当地运用语言去交际，远比机械性地背诵单词、句子、语法规则，更加重要。对英语学习没有兴趣是当前一些学生学习的困惑和难点，要根据学生的具体情况来制定教学形式和方法，从而达到激发学生对英语的学习兴趣，从而使教学效率更加高效。

⑤运用多媒体辅助教学，创造良好的教学环境。多媒体具有现代化、表现形式丰富的特点，是教学不可或缺的辅助设施。其不仅能够增大课堂容量，还可以创设生动的场景，渲染课堂气氛，为课堂教学增添活力。

⑥巧用课堂提问，培养学生自主思考性。提问是初中英语课堂上教师的基本课堂教学手段，要想提升课堂教学的质量和有效性，有效的提问必不可少，互动的质量也取决于提问质量。由此可见，课堂提问的问题要更加精细化、合理化。有效的课堂提问不仅能够促使学生积极思考，理解并掌握所学知识，还能够引导学生独立思考，将学生培养成为主动的知识探索者，而不是被动的知识接受者。

三、初中英语课堂教学评价的规划

《义务教育英语课程标准（2022年版）》提出"教学评"一体化，完整的教学活动需要体现教、学、评三个方面，即基于核心素养目标和内容载体进行教学设计的"教"，基于教师指导的、学生作为主体参与语言实践活动的"学"，以及监控教与学过程和效果的"评"。教师要注重"教学评"的相互关系，设计并实施目标、活动、评价相统一的教学。

教学评价规划是实现有效教学的重要保证。在教学评价规划中，不仅要重视评价结果，更要重视评价过程，实现动态的过程评价，以发展的眼光客观评价学生在各个时期的学习表现，将对学生的评价贯穿于日常的教育教学当中，关注学生平时课堂上的参与度、合作意识以及学习态度的发展。

目前，英语教学存在评价方式单一、评价结果片面、评价过程静态的问题。我们认为要实现有效的教学评价，必须改变以考试成绩作为唯一评价标准的做法，要把书面考试成绩和学生平时的表现相结合，把家长的评价、同学的评价、学生的自我评价相结合，这样才能实现对学生的全面客观评价，发挥教学评价对教学效果的促进作用。以往的课堂评价采用的主要是纸笔测试，着重考查学生对于语言知识的理解与掌握，而有效教学理念指导下的英语课堂教学要求课堂评价的方法要灵活多变。

第三节　初中英语课堂的主题意义探究

主题意义探究模式是新课改背景下衍生出的创新教学思路，对于锻炼学生的语言交流能力、活跃学生的思维理解都具有积极的影响。初中英语学科通过教学活动来践行主题意义探究模式，可以提高英语课堂的教学质量，培养学生灵活应用英语语言的实践能力。下面以初中英语课堂主题意义探究的教学活动为例进行分析。

一、初中英语课堂主题意义探究的要点

①聚焦板块内容，明确授课目的。当前，单元主题在初中英语所使用的教材

大多被确定下来，教学课程也能围绕着某个主题逐步开展，但教师在深化主题意义探究的教学模式，确定本节课的授课目的时，一定要结合每个板块的标题细化，这样才能为有效开展教学奠定良好基础。

②合理安排课堂流程，做到循序渐进。英语教学的主题意义，不仅要遵循初中生的认知规律，还要引导学生从表层的知识理解逐渐渗透到深度学习，循序渐进。构建优质的英语课堂更加需要递进式主题教学。教师教学过程中，以下递进式教学方式最为常见：单词–句型–语法–文本。在实践过程中，教师可以适当调整教学方式，优化探究模式：判断主题内涵–筛选主题信息–尝试实践练习–完成活动迁移。

③整合知识要点，完善教学逻辑。保持学习条理性，学生需要摒弃碎片式阅读的学习模式。教师必须将结合教学主题、课程内容、拓展活动三者，使它们成为一个有机整体，协调课堂活动的各个环节，不断整合知识要点。

二、初中英语课堂主题意义探究的策略

①解读文本内容，分析主题内涵。初中英语的阅读教学以主题意义的教学探索为基础和前提，中心议题的选择需要谨慎，要与文本语篇密切相关。教师不仅要确定主题，更要为学生的互动交流创造良好的学习环境。学生明确其中的主题意义，才能加强对文本的分析，教师解读文体、主体、内容、主角要从不同维度进行解读，从而充分落实主题意义。

②建构主题核心，梳理知识体系。有时，初中英语文本确定了具体内容以及阅读教学的主题，但忽略了主题并不是永远不变的，教师只有自主建构主题意义才能帮助学生更好地梳理知识点。主题展开不仅围绕练习某个固定句型，而且拓展总结某个词组的用法。

③组织学习活动，巩固学习方法。设计英语课堂要以主题意义为前提，通过积极组织教学活动，营造良好的学习环境，使学习更加和谐、高效、多元，达到激发学生学习兴趣的目的，同时让学习成果得到巩固和夯实。

第二章　初中英语课堂教学内容构建

第一节　初中英语的语法与词汇教学

一、初中英语的语法教学

（一）初中英语语法教学的要点

教师在对初中英语语法教学时应该注意以下事项：

1. 语法教学应激发学生学习动机

教师在进行语法教学规划时，应注意对学生语法学习动机进行激发。动机能够推动机体为了实现某种目标或者满足某种需要而采取某种行为或者进行某种活动，可以直接为个体的行为提供动力。学习动机既是学生学习的原因，也是学生学习的动力。学习动机能够激发学生的学习行为，并为学生的学习提供源源不断的动力。当学生在学习英语语法的过程中，学生的语法学习动机是非常重要的影响因素，可以直接影响到学生学习语法的效果。语法的学习动机可以对学生的语法学习起到推动和激励的作用，让学生充满热情，保持对语法学习的好奇心和兴趣，在学习语法时保持专注和投入，坚持不懈地学好英语语法，勇敢地面对和解决在语法学习上遇到的问题和困难。此外，激发学生的学习动机，也能对教师的教学效果起到良好的推动作用。学生的学习动机越强，学习就会更认真高效，教师的教学效果也会更好。因此，教师应该转变自己的教学观念和教学手段，把握学生的学习情况，选取贴近学生生活的教学内容，激发学生的好奇心和学习动机，并采取多样化的评价方式对学生进行激励，让学生带着兴趣学习语法，取得更好的学习效果和教学效果。

2. 语法教学应当以生活为本源

语言来源于生活，所以学习任何一门语言都离不开它在生活中的实际运用。

因此，教师在设计语法教学内容时，要注意对学生进行引导，让学生能够观察生活、热爱生活，对生活中的现象进行思考，从自己的生活中寻找语法学习的源泉，这是想要让学生学好英语语法的关键。学生对语法学习兴趣寥寥，往往是因为他们没有感觉到自己的生活和语法之间的直接关联，所以导致学生学习语法变得非常被动。要让这种状况得到改善，教师应该将学生的生活作为语法教学设计的本源，从而将语法与学生的生活联系起来，提高学生的学习兴趣，激发学生的学习动机。

在新课标里，教师的语法教学应该着重讲解语法的功用。例如，语法中的比较级，在以往的教学大纲里会要求学生掌握比较级的用法，但是在新课标里则是要求学生掌握如何表达对人、事物和外界物体的比较，此处就体现了将语法与学生的实际生活联系起来，要让学生在日常生活中进行语法的运用。

其实，学生本身是拥有一定的生活体验和语法基础的，真正欠缺的是将生活和语法联系在一起的意识，这也是学生对语法学习欠缺学习兴趣和学习动机的原因。因此，教师在对学生进行语法教学的过程中，应该注意将语法与学生的生活联系起来，在语法的教学中再现生活的场景，让学生能感受到真实的场景中语法的运用，从而更有学习的主动性，进行更加高效的学习。

3. 语法教学应以培养语法能力为核心

语法教学应该包括三个方面的内容：语法意义、语法形式和语法使用。语法教学的真正目的不是让学生背诵抽象的语法规则，而是要让学生将语法作为一种技能去提高自身的语言能力。因此，教师在进行语法教学时不能仅仅将语法的规则讲授给学生，还应该把语法作为一种语言学习的技能，讲解语法的意义以及如何在生活中运用语法。

教师应该能够区分语法知识与语法能力的区别，语法知识指的是学生掌握的抽象的语法规则，而语法能力则是指学生在实际生活中将这些语法知识进行运用的能力。语言是一种沟通和交流的工具，教师为学生讲授语言知识也是为了让学生能够拥有在实际生活中运用语言进行交际的能力；而学生学习英语也不仅仅是为了将语法知识进行背诵和记忆，而是将语法规则作为一项标准，或是一项技能，在听说读写过程中能够将自己的观点和想法正确清楚地表达出来，并且在不同的语言环境中能够做到正确理解和运用语言。因此，教师在规划和设计语法教学时要将培养学生的语法能力作为核心任务，努力提升学生的英语水平。

总体而言，教师要明白语法教学不是传授语法知识，而是要让学生进行语法实践。教师在进行语法教学时应该将交际作为教学的中心，将提升学生的语法能力作为核心，同时注意对学生的语法学习的思路进行引导，及时为学生的语法学习提供支持和帮助。

（二）初中英语语法教学的设计

1. 树立正确的教学观念

许多初中英语教师对语法教学的理解存在一定的错误和偏差，认为语法教学就是为了让学生记忆语法规则，以应对即将到来的考试。其实实际并不是这样，语法知识对于学生学习英语是非常重要的。因为学生只有掌握了英语语法知识，才能全面提高自己的英语学习能力和英语学习效果。另外，教师要注意在讲授重点难点的课文时为学生进行语法的讲解，不能脱离语境单纯地讲授语法，不然会使语法知识变得非常抽象和晦涩，不利于学生对其进行理解。语法往往是伴随着课文一起出现的，所以教师如果能够在对课文进行讲解时将语法结合其中，就能让学生更好地理解语法、突破语法学习的难点。

学习语法知识还能帮助学生更好地理解英语中的语言文化。由于语法知识教学在英语教学中有着重要的地位，所以教师应该及时转变自己的教学观念，树立起正确的语法教学观：

①教师应该改变自己以往所持有的应试教育的观念。教师应该明确，语法教学本身的意义不在于应对考试，而是提高学生的语法能力。

②教师应该对教学当中出现的问题进行反思，进而转变自身错误的教育观念。教师对教学过程中遇到的问题进行反思是为了将问题解决，这也意味着教师开始参与到教育科研当中。教师参与教学科研的目的是解决教学中的问题，这为教师转变教学观念提供了科学的依据，能够有效帮助教师转变教学观念。在教学过程中出现教学问题时，教师一般会对出现问题的原因进行思考，找出问题的关键，进而对自己的教学观念进行反思，看看其中是否存在问题，又是哪些教学观念出现了问题。在这样的反思之后，教师就能及时解决好自己的教学观念中出现的问题，从而转变自己的教学观念。此外，学校也应该为教师和学生提供便利的教学学习条件，鼓励教师参与教学交流活动，让教师在与其他优秀教师的沟通中，表达自己的教学观点，同时挖掘他人优秀的教学主张，对自己的教学进行及时的检查，发现问题及时纠正，从而提高自己的教学水平。

③教师也应该注意对学习英语语法知识保持热情，只有真正了解和热爱英语语法知识，才能建立科学正确的教学观念，带动学生学习语法知识。如果教师本身就对语法教学缺乏兴趣，那么就很难能够建立正确的教学观念。此外，对教师

而言，教学动机和教学态度也是非常重要的。从心理学的角度讲，动机涉及人行为的发端、方向、强度和持续性等方面的内容，是人们采取行为的原因和动力，使人采取相应的行为来实现目标。态度则是人们基于自身的道德观和价值观，对事物进行的评价或者行为的倾向；态度体现在人们身上就是对于各种事物产生的感受，如快乐、消极等，可以影响人们达成目标的情况。教师应该发自内心地热爱英语语法知识，将这种热爱贯彻到整个教学过程中，树立正确的英语语法教学的观念。

2. 丰富教师的教学方法

很多初中教师在教学过程中并不重视教学方法，教学方法非常单一，这样不仅会对教师语法教学的实施有不良影响，而且会对学生的语法学习不利。因此，教师可以采取以下方式来丰富自己的教学方法：

①游戏法。当前人们的知识含量受到了挑战。在学校里，有一些学生出现了厌学的情况，这与教师的教学方法单一存在着一定的关联。有很多初中生会认为教师讲授英语语法知识的过程枯燥，对语法知识进行机械式的背诵感到头疼，所以学生不免会觉得学习语法知识较难。因此，教师可以在进行英语语法教学时采取游戏教学的教学方式，来取得更好的教学效果。

游戏是一种具有趣味性、具体性、创造性、虚幻性、自愿性和社会性的活动，能够适应初中学生的特点，可以让学生在游戏中带着目的、有意识进行模仿和想象，以此来反映周围现实生活。游戏能够激发学生的学习兴趣和学习热情，提高学生的创造能力和想象能力，让学生感受到趣味，同时为学生提供了机会进行自我表现，所以能够给学生带来成就感，提高课堂上学生的主动性，让学生能在轻松愉快的学习氛围中掌握枯燥的英语语法知识。

②师生互换法。师生互换就是指让教师和学生互换角色，让学生在课堂上扮演教师的角色，而教师则扮演学生的角色。因为初中生已经具备一定的搜集资料、阅读教材和独立学习的能力，所以教师可以改变以往的"先教后学"的教学方法，使用"先学后教"的新型教学方法。这是因为传统的"先教后学"的教学方法不能给学生留下充足的时间来锻炼自己的学习能力，限制学生的思维，不能让学生进行自主的探索和思考，因而很难提高自己的英语能力。而"先学后教"的新型教学方法可以让学生先对课本上的知识进行学习，担任"教师"的角色来为教师讲解，从而能更深刻地理解所学的内容。师生互换法在进行时应该分为以下环节：

第一，学生在课前进行自学。在这个环节里，学生要积极主动地阅读课本里的知识，并搜集与此相关的资料，如教师以往对相关内容的讲授、相关的文献资料等。在完成资料搜集后，学生可以对这些资料进行归纳和总结，并将其展示给教师，获取教师的指导和帮助。这是因为初中生的自学能力和搜集资料的能力有限，需要教师进行督促，所以教师在这个环节中也要发挥巨大的作用。切忌一味让学生自己搜集资料，而是应该对学生的资料搜集过程进行合理的监督，如果发现问题及时进行纠正，并且给学生提供指导和支持。

第二，学生在课堂上充当教师的角色进行讲解，这也是师生互换教学法中最关键的一个环节。在这个环节中，学生在课堂上扮演的是教师的角色，像教师一样为其他同学讲解本节课程的知识。此时教师应该扮演的角色是课堂的组织者、引导者、合作者以及评价者。教师不需要站在讲台上为学生讲解知识，而是扮演着一名普通的学生的角色，认真聆听由学生扮演的教师进行的知识讲解。需要注意的是，在这个环节里，教师虽然扮演的是一名"普通"学生的角色，但这个角色又是不"普通"的。其中"普通"是指这个环节中的教师和其他学生一样需要认真聆听学生"教师"的知识讲解，尽量不要让学生产生紧张的情绪，从而影响讲授的效果。不跑堂是因为教师需要在这个环节里非常认真地听取学生讲授的内容，及时记录其中存在的错误、问题，以及一些讲解不到位的内容，在学生讲解完成后对其进行补充或者更正，但是教师也不能打断学生的讲授过程，以免影响讲解的效果。

第三，教师和学生共同对教学效果进行评价。教学过程中不能缺少教育评价这一非常重要的环节，教学评价具有修复和激励的作用，也代表着学生学习的新起点。教学评价是指教师根据教学目标对整个阶段的教学过程和教学结果进行价值判断的教学活动，可以为教学决策服务。简而言之，教学评价就是对教师的教和学生的学进行评价的过程。教学评价的评价因素很多，如教师的教学内容和教学方法、学生所处的教学环境、学习效果等，但最主要的是对教师的教学工作和学生的学习效果的评价。教学评价对于后续的教学活动有着重要的作用，如诊断、激励、调节等。在这个环节中，教师应该和学生共同学习、共同努力，共同发现学生授课时出现的问题和不足之处，并及时指出，指导学生进行改正，最后带领学生一起总结本节课学到的知识，指出授课学生的优点，对其进行积极的评价和激励。

上述三个环节中，每个环节对教师和学生的要求都不尽相同，需要教师和学生一起努力完成。

③跨学科法。教师在教授初中英语语法时还可以采用跨学科的教学方法，提

高语法教学的效率。英语的语法和汉语的语法之间存在着很大的差异，而这些差异又产生了英语和汉语之间的可比性。通过将这两种语言的语法进行对比，教师可以发现一些原理和方法，将这些运用于英语语法教学当中，提高英语语法教学的效率。

3. 增强教师的创新意识

部分初中英语教师在进行语法教学时可能会出现模式化教学的问题，这是因为这些教师没有足够的创新能力，所以在讲授语法时照搬一种模式。因此，提高教师的创新意识是非常重要的一点。教师的创新意识可以从以下方面着手进行提高：

①教师应该奠定自己坚实的知识基础，因为任何一门学科想要进行创新，都离不开坚实的基础知识，正是有了牢固的知识基础，教师才能将教学内容进行融会贯通，产生教学创新意识。

②学校应该加强学科的建设，重视对教师的培养，选拔拔尖教师，给予教师充分自由的时间来进行自我发展和自我完善，多进行科学的教学实践和教学研究，以此来提高教师的综合素质和教学水平，自然也能提高教师的教学创新意识。需要注意的是，学校在选拔拔尖教师时，要仔细斟酌选拔的标准，使选拔标准尽量正确和公平，避免埋没一些优秀的教师。

③学校应该鼓励教师将教学和实践结合起来，让教师多参加一些实践活动，如教师技能大赛、演讲比赛等。教师在这些活动中交流教学意见，发挥自己的创新能力，展示自己的教学才华，实现自我价值，增强教师的教学信心以及培养教师的社会责任感，从而让教师更加热爱教育事业，提高教学创新意识和教学效果。

4. 加强学生的知识考评

初中英语语法教学设计要注意加强对学生语法知识的考评。一方面，学校要着重宣传学好初中英语语法的重要性，在对教师的教学进行考评时加大对语法知识的考评，让教师重视英语语法的教学；另一方面，学校要注意采取合适的英语语法考评的方式，可以将终结性评价和形成性评价相结合来对教学效果进行评价。其中，形成性评价是指对学生学习全过程的持续观察、记录、反思而做出的评价；终结性评价是指对学生的最终学习结果和考试成绩进行的评价。以往的教学评价往往是以终结性评价为主，过于重视学生的成绩和分数，忽略了学生平时学习的过程以及学生的主观能动性。因此，将终结性评价和形成性评价结合起来是一种非常科学的评价方式，既注重学生的学习效果，也不会忽视学生学习的全过程的表现，能够有效激励学生的学习，让学生更用心地对待学习，同时也能对教师教学效果的评价更客观。

此外，教师还可以采取将智能和情感结合的方式。在教学过程中，教师不应该只关注学生的成绩，还应该对学生的认知水平和非智力因素进行考虑。因此，英语教学评价不仅要判断学生的语言智能，还应该评价影响学生语言发展的智力因素和非智力因素。教学评价内容应该包括学生掌握的基本技能和知识，以及学生的学习情感、学习态度等非智力因素。

（三）初中英语语法教学的实践

1. 基于多模态的英语语法建构

（1）语法与语篇。

在多模态语法系统建构中另一个需要认真研究的问题是语法和语篇的区别。我们要为多模态话语建立语法系统，但客观现实提供给我们的是语篇，而不是语法。所以，区分语篇和语法是语法研究首先要做的事。人类交际的对象是意义，而语篇就是一个意义单位，而意义是交际对象首先要解码的内容。语法只是用以解码的工具。

语法不是意义，而是体现意义的系统。由于语法的隐蔽性，语法研究难度很大，语言的语法从人类文明的开始到现在已有几千年的时间，但还有很多问题没有解决，而对于二维和三维的符号系统其研究难度更大。

语法既不是比较实在的媒体，也不是比较实在的意义，而是媒体和意义的中介因素。作为中介因素，我们可以从两个角度来看：一是从意义的角度看媒体，即所表达的意义是由哪些媒体特征来表达的，如一个语篇是由哪些音系模式表达的，由此探讨它们之间的连接层。这种方法是从意义模式来看语法模式，这种研究方法得出的结果是功能语法。二是从媒体的角度看意义，看某个媒体模式表达了何种意义，从而确定中间层的模式。这种研究方法是首先确定语法形式模式，再看它与意义的联系，其得出的结果是形式语法。

无论功能语法还是形式语法都是语法，而不是意义，而语篇是意义单位，所以，是与语法处在不同的层面上。例如，把手势语结构分为移动、伸展、摇动、收回四个成分是形式结构，而把它们确定为预备、进展、高潮、结尾则是功能结构。功能结构是根据意义结构定义的，当它本身不是意义结构，而是体现意义的模式。

（2）语法建构过程。

符号语法的建构过程从下到上是看物质实体如何转变为符号的过程，即物质实体的符号化过程；从上到下是看意义如何由语法体现，是看意义的语法化过程。我们先从实体的符号开始探讨符号的语法建构问题。

①符号化过程。符号是人的认知行为的结果。如一棵树本身是客观实在的事物，并不是一个符号。但当人们认识它是一种植物，与其他植物有区别，有一些独特的特性和特定的功能时，它就变成了一种符号，成为人们研究的对象。

首先，符号的形成是社会实践的结果，在长期的社会实践中，符号的基本特性被渐渐固定下来，成为符号本身的固有特性。例如，在树形转化为符号的过程中，人们不断接触这个植物，渐渐认识到它与其他植物的区别，认识到它的作用，知道有哪些事物和它是同类的。它的符号特性就慢慢被固定下来了。

其次，物质实体成为符号要具有区别性。再以树为例，人们把它作为一种植物先要能够把它与其他事物，包括其他植物分开。当它具有了符号特性以后，它就不再是一个实体性的实物，而是一个更加抽象的概念。世界上的事物无数，人们要能够把属于这个符号的实体与其他的实体分开。另外，树的种类和形状也是千千万万，而有区别性的符号则代表它们的共同特征，同时，剔除了它们的个体特征和特殊特征。所以，它们的区别性不仅代表了它们的共性特征，同时又与其他符号的特征区别开来。树的区别性在于它能够把所有属于树的实体包括进来，而把所有不属于树的实体排除在外。

再次，符号化的过程还使符号具有典型性特点，这个符号在人们的心目中是最能代表树这个类别的，但它还不能排除非典型的特征，把具有非典型特征的树也包括在内。

最后，符号的媒体具有抽象性特点。符号形成后，它代表的不是某个具体的实物，而是无数与此同类的实物，即一个符号可以包括许多变体。

②词汇化和语法化过程。符号的有区别性特点是由它们具有体现意义的功能决定的，而它们表达意义的功能不是由它们自己完成的，而是由它们的中介层次词汇语法层的特征和模式来体现的。当媒体与意义相联系时，它们要组合为一定的模式，这种模式的类型与其表达的意义类型形成一定的约定俗成的常规关系，词汇和语法就产生了。在两个层次的模式中，这种联系只通过词汇即可，没有建立语法的必要性。

在三个层次的符号系统中，媒体的模式与意义的模式不是一一对应的，而是经常根据新的模态表达新的意义模式，或者因为出现新的意义模式而需要新的媒体模式。这样在媒体模式和意义模式之间就形成了一种规则或规律，使某些媒体模式的组合能够根据它们以前表达意义的模式的常规关系形成新的组合来表达新的意义模式，这种规则或者规律就是语法。所以，语法总是和常规、规律相联系的。

例如，音乐的媒体是由音谱决定的音，这些音加上有区别意义的低音和高音是乐谱媒体系统的特征。它们在音乐创作中被选择组成不断变化的模式。在这其中，一定的音乐模式与一定的意义相联系，形成一定的"语法"模式，形成连续的乐谱语篇。当然，音乐主要体现人际意义，而普通人一般无法理解音乐如何以一定的模式体现人际意义，只有专业人士才能理解。

从这个角度讲，符号的语法具有如下特点：多成分性、多维性、生成性。所谓多成分性是说语法模式是由多个成分组合而成的。如果是单个成分，则形不成语法结构模式。多个成分以一定的模式排列才能成为语法模式。

多维性表示多模态符号系统不仅是线性的，而且是多维的。在线性模式中，语法模式组成一个线性的模式，而在多维符号系统中，语法成分可以按照不同的模式组合，如上下组合、左右组合、中心外围组合、不同侧面的组合等。

生成性是说语法模式不仅是可以复现的，即某个模式可以不断再现，而且还可以不断生成新的语法模式，即可以用已有的语法规则来生成新的模式，从而可以表达新的意义。这样，随着意义模式的变化，语法系统可以随时发展出新的模式来表达它。再如，在乐谱中，尽管可选择的项目不是很多，但它还是能够不断创造出不同风格的新的乐曲来。

（3）语法建构的原则。

语法在不同的领域有不同的含义：可以表示意义成分的组合原则，意义成分是怎样组成语篇的，从而产生了语篇语法；还能表达某些领域内部的运作规律，如"传媒的'语法革命'"，表示传媒的内部运作机制的变革等。这两种用法实际上都是隐喻性的，是把语言形式的内部运作规律用以比喻意义层，或者社会文化层的内部运作机制。语法从它诞生之日起就是用来表示语言形式的组织规则的。因此，我们常用语法来表示语言内部组合的规则，包括口语语法和书面语语法。但在多模态话语中，语法的含义进一步扩展，表示不同的符号系统的内部运作机制。但它仍然是一致式的用法，不是表示意义模式，而是模态形式模式。"模态"这个概念，从严格意义上讲，是一个形式概念，或者形式和媒体合为一体的概念。它不是意义概念，而是体现意义的概念，其体现的意义是多模态语篇。这就是说，在社会交际过程中，交际者相互交换的对象是意义，而这个意义不仅可以用语言来体现（表达），还可以由其他模态来体现。

从这个意义上讲，多模态语法的建构应该坚持几个与此相关的原则，分别是：形式与体现原则，双分性原则，复现性原则，系统性原则，边沿清晰性原则。

①形式与体现原则。所谓形式与体现原则表示模态的语法是在模态的形式层次上，而不是意义层，也不是媒体层。模态的语法研究可以从形式上进行，探讨语法成分的类特性，在结构中出现的特性，以及它们是如何形成语法结构的。模态的语法研究也可以是功能的，即从语法成分及其结构如何体现意义上来探讨语法的特性，它们的系统特性和功能结构等。但这并不说明它本身是意义结构，只可以说它是体现意义的结构。模态语法是体现意义的，它可以有对其本身形成机制的研究得出的形式结构，也可以有因探讨它如何体现意义，包括不同类型的意义而形成的功能结构。它本身又由这个模态的媒体系统体现，最后表现为可以由不同感官感知的实体，如声音、书写、颜色、图像等。

②双分性原则。要为某个模态建立语法，这个模态必须具有意义和媒体两个层次的系统各不相同的特点。换言之，它是一个三个层次的模态系统，而不是两个层次的模态系统。由于它的媒体系统和意义系统是不同的，所以需要由词汇语法层来作为中介层次把它们联系起来。这就是语法的双分性的来源。因此，是否为某个模态建立语法，要首先确定它是两个层次的符号系统还是三个层次的符号系统。这要借助于对模态系统的研究来确定，所以模态语法要具有明确的系统性特点。

③复现性原则。模态的语法模式具有不断复现的特性，偶然和很低频率的重复现象不能作为语法来描述，而且它的复现的频率代表它的系统特性，即它的"可能性"特性和它在系统中的稳定性。复现频率高的则其语法稳定性强，对其语法特性的描述的必要性则强。语法是社会实践的结果，同时语法本身也是对模态成分的社会实践特点的描述。所以，它的复现特性表现了它在社会实践中的作用，因而实际上是言语对语言的贡献。

④系统性原则。每一个模态都是一个系统，既是一个形式系统，也是一个意义系统。形式系统是模态的词汇语法系统，意义系统表示某个模态具有典型地体现某些意义的特性。虽然意义并不直接与形式特征一一对应，但某些意义特征更易于由某个或者某些模态体现，而不能或者难以由另一个模态体现。例如，唤起某种情感和感受可以用语言来体现，也可以由音乐来体现，但用音乐就更加有效，所以语言不能代替音乐。

从逻辑上讲，在描述一个模态的语法时，应该首先认识它的系统特征，然后探讨它的功能特征，即首先认识它具有多大的体现意义的潜势，系统内部是如何组成的，然后才能做出合适的选择。换言之，应该首先研究它的系统语法，然后再探讨它的功能语法。当然，在实际操作中，也可以系统语法和功能语法同时进行，或者先研究功能语法。但这种研究必然会留下许多缺陷，对于模态的系统特征不了解的方面，就难以描述好它的功能特性。同时，在探讨模态语法的功能性的时候，要时刻注意它的系统特性和在系统中的作用，把功能语法与系统语法联系起来，因为后者是从前者中选择的结果。

⑤边沿清晰性原则。在描述模态的语法时，首先要清楚地识别模态成分，而不是模糊不清。只有当清楚地认识这个成分本身时，才能清楚它在模态的系统中有哪些特性，在语法结构中有哪些功能，在体现意义中有哪些作用。不同模态在语篇中有连续性和非连续性的关系，非连续的表示独立的个体成分，尽管它和其他成分或者模态之间有一定的关系，而连续性则表示它们的集合特征，而不是其个体性。如果几个人组合为一体，边沿不清楚，那么可以说，他们组成一个组而不是单独的个体。我们只需要描述他们的集合特征即可，而不必描述他们的个体特征。从另一个角度说明，符号的边沿清晰为我们描述它们的符号特性提供了动力。

遵循这些原则可以使我们确保我们描述的模态特征是语法，而不是其他的特征或者其他层次的模式。

（4）多模态语法建构的程序。

要为某个模态建立语法系统，先要清楚这个模态本身是一个怎样的符号系统，有哪些特点，是否有语法系统，是否值得为其建立语法系统等。根据这种思路，我们按照以下八个步骤来考虑为某个模态建立语法系统。

①交际价值。系统在交际中有作用，我们需要发现某些媒体在社会交际中是起作用的，能够用以表达意义，传达信息。如果有这种作用，这些媒体就具有了交际价值，成为符号。

②符号系统。下一个需要确定的是，这些媒体是零散的、临时的符号特征，还是已经确立的符号系统，在社会交际中有比较稳定的出现规律和比较高的复现频率，相互之间或者与其他符号共同组成符号系统。

③符号实体。当确定某些能够体现意义的符号特征确实是一个符号系统时，就可以认真地去研究它。第一个最基本的需要认识的方面是它的实体特征，即它是由哪些固定的实体来体现的，如声音、书写文字、手势、凸起的符号、一定模式的颜色等。

④媒体系统。实体有区别性就成为媒体。换言之，实体要具有区别意义的作

用，它就成为一种媒体。媒体的单位是其区别性单位，而不是实际的实体单位。实体单位如果没有区别性就在媒体的定义中没有意义。例如，颜色在交通信号中只与绿色和橘黄色有区别即可，至于是深色的，还是浅色的，甚至是接近黄色的，都没有区别性。但在衣服颜色中，微小的色调变化可能就是十分重要的，被识别为另一种颜色。所以，这两个系统的区别性标准是不同的。接着，系统需要识别不同的媒体单位。

⑤符号层次。当某个符号系统的媒体单位确定以后，就基本上确定了这个符号系统的范围，特别是符号体现的范围。下一个步骤是要确定这个符号系统是两个层次的符号系统还是三个层次的符号系统。确定符号的层次类别的主要方法是看符号的媒体单位或者单位的组合是否和意义单位直接对应，不需要重新组合和建立新的模式。例如，交通信号系统的选择是每次只选择一个项目，每个项目即是一个媒体单位（红色、绿色或者橘黄色），也是一个词语和一个意义单位（停止、行车或者准备停止或行车），不需要语法。如果媒体单位和意义单位不是一一对应的，而是需要重新组合和建立新的模式，则是一个三个层次的符号系统，需要建立新的语法系统来把媒体系统和意义系统联系起来。

⑥符号类型。如果这个符号系统是三个层次的符号系统，则需要为其建立结构语法。为了更好地为它建立结构语法，我们首先需要认识它是一个什么类型的符号系统：如是一个二维的符号系统，还是三维的符号系统；是图像性的、索引性的，还是象征性的；是动态的，还是静态的。这样，符号类别可以是二维图像动态符号系统、二维索引静态符号系统、三维象征动态符号系统等。符号的类型对语法系统的特点是有影响的，了解了这些符号系统将会对这个符号系统的语法系统的建立有帮助。

⑦词汇系统。在为某个符号系统建立语法系统之前，应该首先把这个符号系统的词汇系统建立起来，即厘清这个符号系统有哪些词汇，这些词汇有哪些次范畴等。当然，词汇系统也可以和语法系统同时进行。

⑧语法系统。语法系统是这个符号系统的中心系统，可以从三个角度进行：第一，根据已有的符号运用情况收集大量的语篇，以符号单位，如词汇单位，或者媒体单位为基础，探讨符号结构的模式，从中概括出现频率高的排列模式来作为语法模式的基础，这是一种实证模式，也是对符号模式的可识别性、习惯性的复现模式的确定。第二，从意义出发，看意义模式是如何由这个符号系统的形式模式，包括词汇模式体现的，这也是一种功能语法模式。第三，根据词汇组合的特点确定语法模式，看词汇是如何组合为模态结构模式的，这是形式主义的一种

方法。当然，为某个符号系统建立语法是作为一种参考模式和一个研究的起点，还需要做进一步的探讨和研究的。这个过程要经过从实践到理论，再从理论到实践的多次重复，经过不断的修改和完善，才能逐步把这个模态的语法确立下来。

2. 基于多模态的英语语法动态教学

英语学习包括单词学习、语法学习、文化学习等方面，语法学习作为本学科的基础，在英语专业学生的课程中占据重要地位。多模态英语教学中语法方面的重点是帮助学生掌握不同语境下的语法并熟练准确地运用。掌握语法是学习英语的基础，同时也是学习中的难点。语法的规律性相对较低，无论是教师讲课还是学生吸收知识都需要耗费大量的时间和精力。传统教学模式相对枯燥乏味，而运用到英语语法教学当中，会使学习效率低下。动态教学研究需要师生双方共同参与，将教学活动设计的任务部分分配给学生，使其积极地参与其中。同时，学生以小组为单位合作完成教学任务是动态教学研究的重要形式。任务完成后，教师将给出打分细则，学生们根据该细则分别给自己和组员做出评价。该模式是动态语法教学理论的具体运用。

动态语法教学具体表现为教学使用语言结构、理解语言结构的隐性意义，侧重于语言结构的变换和选用、语言结构适应怎样的语境并获得怎样的语义。语法动态教学不要求学生对各语法知识死记硬背，相反，它的目的是使学生能够获得语法意识的培养，从更深层次的角度掌握语言结构的隐性意义。同时，语法教学将原本单一的、以教师为核心的知识传输模式变为以学生自主学习为主，教师引导为辅的新型互动教学模式。动态语法教学特点鲜明。首先，将语法学习融入具体情景中，从而理解语言结构与语境如何适应和语言结构的隐性意义。其次，探究语法基本形式的功能并强调对该语言结构的使用。最后，调动学生主观能动性，在师生互动中培养语法意识。

（1）多模态与动态教学。

模态是指人与环境的互动方式，而该互动借助于人类视觉、听觉等多种感官，并通过感官与人、机器、动物等环境互动。单模态、双模态与多模态的区分在于参与互动的感官数量。许多非语言因素在英语教学过程中仍需进一步加强，因为其在语言学习的过程中同样占据着重要地位。如语音、语调等伴语言特征、动作表情等身体特征、设备场所等环境特征等，均为非语言因素，但在英语学习中应当格外注意。因此，在对语言的运用时，我们不止有一种感官参与其中，而是多种感官共同作用的结果。换言之，在英语学习中更多运用的是多模态。而在多模态的互动方式过程中的话语称为多模态话语。

语言的三大元功能是韩礼德在系统功能语法中提出的。这三大元功能分别是"概念功能""人际功能"与"语篇功能"。三大元功能分别从语言的概念与逻辑、语言的信息传输功能与语篇的情景运用功能三个方面进行概括，侧重于语言的实用性。当今社会是科技快速发展的社会，越来越多的信息网络技术应用于生活的方方面面，多项技术的交叉运用成为主流。因此，简单的单模态交流已经成为过去式，现在人们多以多模态的方式进行交流。传统意义上，图像、声音、颜色、动作等信息传达方式是服务于语言而存在的，处于辅助的地位。现如今，这一概念已经发生了本质上的改变。这些符号的地位上升，与语言符号共同构成了信息传递的符号资源。因此，语言的三大元功能也同样适用于其他符号，在英语教学当中，同样重视语言符号以外的其他符号，正确适用多模态教学模式。

（2）英语语法动态教学模型构建。

如今的语法教学中，仍存在诸多问题，我们通过对现有课堂的广泛调查与分析，将问题进行整合归纳，总结出了多个方面的问题。英语语法动态教学模型的构建，是将针对这些问题予以解决和改善，调动学生的主观能动性，从而提高学习效率，全方位提高学生的综合技能。为达到这一目标，研究内容分为多模态英语学习理论探索与语法动态学习实践两个方面，具体如下：

①多模态英语学习理论研究。多模态话语系统分为两个部分，分别是语言和非语言。继续细分下去，语言又由纯语言与伴语言共同构成；而非语言则可分为身体与非身体。多模态话语系统最大的特点便是能够利用多方位感官对学生进行刺激，从而使学生更加有效地接受知识。多模态话语系统的优势显而易见，重点在于对选择模态系统的影响因素进行分析。经过整合归纳，模态系统的选择因素可概括为话语范围、话语基调以及话语方式。话语范围是指教学过程中所触及的不同内容；话语基调是指教学双方的互动模式以及学生的特点；话语方式是指教学场所设施等外部环境。将选择因素进一步简化，可总结为反映课程难度深度等内容的话语范围、反映师生性格特长等自身属性以及双方互动模式的话语基调、反映教学场所设施等外部环境的话语方式。

②多模态动态语法教学模型构建。多模态教学模型的构建得益于多模态英语学习理论的支持。多模态动态语法教学模型的目的在于更好地提高学生的主观能动性，这就要求在话语内容、话语基调、话语方式等多个方面进行改进，如拓宽内容、提高教师质量、改变课堂核心、更新教学传播媒介等。与此同时，该模式在构建时应当考虑实际因素，以保证在实际使用时的适应与有效。

（3）英语语法动态教学模型的实践。

模型是基于理论层面对存在的问题所提出的系统化解决方案，是一种抽象的设想。因此，模型必须投入实践进行试验才能检验其实用性。在英语教学中，将动态教学运用于英语语法课程，这是对动态教学模型的实践。实践中，多模态课堂形式得到充分发挥，既有文字声音的纯语言，又有语音语调的伴语言；既有身体的动作，又有非身体的环境。

动态语法教学区别于传统教学模式的一大特点是其动态性，具体包含内容方面的动态性以及师生关系的互动性。在教学实践中，学生的语法意识应当受到重视，教师要积极引导学生探究语法背后所蕴含的规律性，从更深层次学习语法。这就要求学生在日常学习中细心观察，总结规律，同时广泛查阅资料，才能理解语法的客观规律。语法终归是为语言服务，我们应当清晰地认识到这一点。因此，单纯记忆语法而忽视其规律性和实用性是本末倒置。动态语法教学是将语法的学习融入现实情境当中，为语法学习注入趣味性，并能够在情境中完成对语法理解、记忆、运用的完整学习过程。

①实践中应充分利用多媒体教学的各种技术优势。首先要将多模态课堂模式运用到实际教学中，制作融合图像、视频、声音、文字等多种元素的课件，增加课堂的趣味性，与此同时丰富教学内容和形式。其次要建立以学生为中心的课堂互动模式，教师起辅助作用，为学生设计学习任务，让学生在完成任务的过程中自主学习，提高主观能动性。最后教师要为学生创设现实情境，并在情境中反复引导学生复习薄弱知识点，从而达到强化理解加深记忆的效果。

②实践中要融合各个相关学科，将知识进行汇总。学习语法是为了更好地掌握一门语言，因此我们在学习语法的过程中要时刻以对语言的整体把握为前提。语言的学习是综合的，学习语法的同时不可避免地会涉及其他相关学科。教师要对其进行分析整合，让学生在学习语法的同时，提高阅读、写作、翻译等各种能力。例如，在阅读中，对于一些长难句、复合句的把握，需要运用到语法知识，教师可以在讲解句子的同时渗透语法的学习；在写作和翻译中，要分辨汉语体系和英语体系在结构和语法上的区别，避免将汉语的语言习惯套入英语写作。这就需要教师在教学过程中，利用中英文对比的讲解向学生展示两种语言体系的差异，以及英文语法的独特之处，帮助学生更好地理解并运用到自己的写作当中。

③动态语法实践依旧不能脱离应试的现实需要。英语专业学生需要面对各种考试，教师应当在日常教学中针对考试涉及的重难点进行特别说明，并开设专门课程对一些应试技巧进行教授。

动态语法教学不能脱离语篇和语境。课程内容要具有发散性，适当结合一些课本之外的、有助于学生更好地学习语法知识的相关内容；教学的最终目的是将语法的学习适用到对语言的掌握和运用当中；教师在课堂中的作用是辅助学生更好地完成学习任务，并作部分引导；学生要在学习过程中充分能发挥主观能动性，善于与他人合作。

合作是现在人们最有效的工作方式，英语语法学习也不例外。合作能够激发学生学习的积极性，组员之间也能够起到互相激励的作用。在合作的过程中，学生不仅能够学习语法知识，更能培养动手能力和互相之间协调配合的能力。合作学习应以小组为单位，对学习任务进行模块划分，将学习任务分配给个人，通过协调与合作共同完成学习任务，并对每个成员的表现进行评估，以提高实践的成效。

二、初中英语的词类教学

（一）初中英语词类教学的内容

1. 名词

（1）特殊的单复数名词。

①单复数形式相同的名词。英语中某些名词的单、复数形式相同。在实际应用中，根据实际情况处理，这类名词有以下形式：

一是以-se，-css，-ss 结尾的名词：Chinese（中国人，中国的）、Japanese（日本的，日本人）、Swiss（瑞士的，瑞士人）、series（许多，系列）、species（种类）。

二是表示动物、角类的名词：sheep（绵羊）、deer（鹿）、fish（鱼）、shark（鲨鱼）、buffalo（水牛）、wild duck（野鸭）。

三是表示计数单位的名词：couple（从，对）、dozen、score、pair。

四是其他种类的名词：works（工厂）、aircraft（飞机）、craft（飞行器）、hov-ercraft（气垫船）。

②集合名词的单复数。一是大多数集合名词既可看作单数（作为整体），也可看作复数（作为整体的单个成员）：audience（观众）、public（公众）、army（军队）、class（班级）、committee（委员会）、crew（全体船员）、crowd（人群）、family（家庭全体成员）、group（小组）、faculty（全体职员）、government（政府）、orchestra（管弦乐队）、union（工会）、majority（多数）、team（队）。

二是当这些词前面有 a（an）、each、every、this、that 的时候，一般不与复数名词连用。

三是当这些名词用作复数时，要用代词 they、who；而当把这些词看作单数时，要用代词 it、which（不能用 who）。

四是一些集合名词只有单数形式，但意义为复数。这类名词不加不定冠词 a（an），加定冠词 the，限定词 such 等时则表示总括的意思。例如，militia（民兵）、police（警察）、people（人民）、poultry（家禽）、vermin（害虫）。

（2）复合型的名词。

英语中有许多名词是由两部分合成的，还有一些是由一个或三个以上部分组成的。复合名词拼写有时用连字符，有时不用。例如，blood type（血型）、room number（房间号码）、road repair（修路）、ready-made clothes（现成的服装）、a day-care centre（日托所）等。

①通常将主体名词变为复数。

②由 man 和 woman 构成的复合名词，两个成分都要变为复数形式。

（3）名词的所有格。

有时，一个名词可以当作定语修饰另一个名词。当作定语的名词是人名或者是表示有生命的东西的名称时，通常要用名词的所有格。名词所有格的形式有以下种类：

①表示有生命事物的名词的所有格用 's；表示无生命事物或山两个以上的词组构成的名词的所有格用 of。

②在以 s 结尾的名词后加 's 表示所有关系。

③如果两个所有格名词后的事或人分属不同两者，则用两个所有格符号表示；如果两个所有格名词后的事或人同属两者，则在第二个名词后加上所有格符号。

④当所有格形式后面的名词指的是人们比较熟悉的建筑物、商店、理发店时，此名词可以省略。

⑤复合名词的所有格符号加在最后个词后。

2. 动词

（1）有关虚拟语气的动词。

①动词 wish 后面的宾语从句用虚拟语气。"wish+that"引导的宾语从句表示未实现的或不可能实现的愿望，常译作"可惜""……就好了""该……""但愿"。例如：

I wish once again to express our warmest welcome to you. （不定式作宾语）

Why don't you wish him to accept the post? （不定式复合结构）

I wish you well and happy! （形容词复合结构）

They wished him a quick reeovery. （名词复合结构或称双宾语）

②谓语用"should+动词原形"表示虚拟语气。在表示建议、命令、请求忠告等意义的及物动词后的宾语从句中，谓语用"should+动词原形"表示虚拟语气。在书面语中，should 往往省略。常见的这类动词具体如下：

一是表示"请求"的：ask、desire、request、demand、require、beg。

二是表示"提议、劝告、建议"的：move、propose、suggest、recommend advise、vote。

三是表示"决定、命令"的：decide、commend、determine、instruct、resolve、order。

四是表示"主张"的：maintain、urge、intend、prefer。

五是表示"同意、坚持"的：consent、insist。

六是表示"忍受"的：endure、stand。

（2）动词+不定式结构。

①动词+带 to 不定式。常见的动词有：beg（恳求）、care（愿意）、dare（敢于）、expect（希望）、fail（失败）、agree（同意）、arrange（安排）、ask（请求）、hope（希望）、pretend（假装）、happen（碰巧）、decide（决定）、demand（要求）、determine（决心）、guarantee（保证）、manage（设法）、claim（声称）、consent（同意）、long（渴望）、plan（计划）、prepare（准备）、promise（允诺）、refuse（拒绝）、resolve（决心）、strive（努力）、wish（希望）、desire（期中）、offer（提供）、learn（学习）等。

②动词+不带 to 不定式。后跟"不带 to 不定式"作宾语的动词常为一些动词短语，常见这些动词短语有：had better（best）（最好还是）、would（had）rather（宁愿）、would（had）sooner（宁愿）、would you please（请您），此外还有动词 help 等。

3. 形容词

（1）有关虚拟语气的形容词。

在"It is（was）+形容词/过去分词+that（主语从句）"结构中，主语从句的谓语用"should+动词原形"表示虚拟语气，should 常常省略。这类常用的形容词和过去分词如下：

表示"要求"的：required、demanded、requested、desired、desirable。

表示"建议"的：suggested、recommended。

表示"迫切、紧迫、重要"的：imperative、urgent、necessary、essential、important、vital。

表示"适当、较好"的：appropriate、advisable、better、preferable。

表示"可能"的：probable、possible。

表示"命令"的：ordered。

（2）形容词作定语位置。

①前置定语。作为前置定语，形容词在名词词组中的位置总是在限定词之后名词中心闻之前。如果同时有几个形容词出现在名词中心词之前，一般是较长的形容词列于最后。

当名词中心词之前有几个形容词作定语时，一般按下列顺序排列：限定词—描绘性形容词—表示大小新旧的形容词—表示颜色的形容词—表示类别的形容词—表示类别的名闻（作定语）—名词中心词。

②后置定语。形容词作后置定语分三种情况：一是在由 some、any、no 等构成的合成间之后。二是当形容词本身带有不定式，介词词组等构成形容间词组的组成部分时。但也有在形容词词组中将形容词与其他成分拆开的情况，这主要见于形容词词组中心词为 different、similar、easy、difficult、impossible 等时，或者为形容词的比较级或最高级形式时。三是在某些固定搭配中。

4. 连接词

（1）从属连词。

①引导主语从句、表语从句与宾语从句的连词只有三个，即 that、if 和 whether。

②引导状语从何的从属连词。

一是引导比较状语从句的连词：as、as...as、so...as、less（more）...than。

二是引导结果状语从句的连词：that、so that、such that、with the result that。

三是引导条件状语从句的连词：if、provided（that）、supposing、unless、in case、as（so）long as、on condition that、so far as。

四是引导目的状语从句的连词；that、so that、in order that、lest、in case。

五是引导原因状语从句的连词：as、because、since、seeing that、considering that、now that。

六是引导让步状语从句的连词：although、though、no matter how（what）、

even if（though）、in spite of the fact that。

七是引导地点状语从句的连词：where、wherever。

八是引导方式状语从句的从属连词：as、as if、as though。

九是引导时间状语从句的连词：since、until、after、before、when、while、as soon as，the instant（moment）、ever since。

（2）并列连词。

①表示转折关系的连词。英语中表示转折关系的连词常见的有：but、still、yet、however、nevertheless、while。

例1："I thought he hated the TV. " "You are right，yet he still watches the program. "

译文："我想他很讨厌电视。" "很对，不过他仍然看电视节目。"

例2：Motion is absolute while stagnation is relative.

译文：运动是绝对的，而静止是相对的。

例3：The news may be unexpected ，nevertheless，it is true.

译文：这消息可能是出乎意料的，然而它是真实的。

②表示因果关系的连词。常见的表示因果关系的连词有：so、for、therefore、hence、accordingly、consequently。

例1：We must get rid of carelessness，for it often leads to errors.

译文：我们一定要克服粗心，因为粗心常常引起差错。

例2：The bus Was held up by the snowstorm，thus causing the delay.

译文：公共汽车被大风雪所阻，因而耽搁了。

③表示选择关系的连词。常见的表示选择关系的连词有；or、or else（否则）、either...or、otherwise（要不然）、rather than（而不，也不）。例如：

例1：Do it now，or it will be too late.

译文：现在就做，不然就会太迟了。

例2：You must take more exercise ，otherwise，you will get very fat.

译文：你要多运动，不然你会变得很胖。

④表示联合关系的连调。常见的表示联合关系的连词有；and、neither...nor、as well as、both...and、not only...but also。例如：

例1：Mary is not only beautiful but also clever.

译文：玛丽既漂亮又聪明。

例2：What he said at the meeting was neither important nor true.

译文：他在会上讲的一番话既不重要又不真实。

5. 介词

（1）介词的用法。

①表示方向的介词。

一是 to、toward（s）、for。to 表示动作的目的地；toward（s）只表示动作方向，与是否到达无关；for 表示目的地的方向。

二是 along、across、through、throughout。along "沿着"；across "横跨"；through "贯通，从这边到那一边"；throughout "遍及整个地区"。

三是 in、into、out of。in "在……之中"，表示某场所的内部；into "进入……之中"，表示向某场所移动的动作；out of "在……的外面，到……的外面"，与 into 意义相反。

四是 from、off。from 表示动作的出发点，终点以 to 来表示；off 表示分离（away，not on）。

五是 round（around）、about。round（around）"在……周围，环绕"；about 在某处的周围或内部做不规则的动作。

②表示位置的介词。

at、in：at 表示位于较狭窄的地点；in 表示位于较宽广的地方。

at、on "在……上"：at 表示门牌号码；on 表示街道。

in、by：in 表示 "在……之中"；by 表示 "在……旁"。

on、over，above "在……之上"：on 表示和物体表面的接触；over 表示在某物的正上方，但未与物体表面接触；above 在某物的上方，但表示的范围很广。

一是表示时间的介词：at、in、on。at 表示时间的一点；in 表示较长的时间或时期；on 表示特定的日子、时候。

二是表示期间的介词：for、over、through、from、during、within、since。for 表示一段时间；over 指超过某一段时间；through 指 "整个……时间"；from "自……起"，后面可以接 to、till 或 through；during 表示 "在……期间"；within 表示在 "若干时间以内"；since 表示时间的继续，强调自某时起；till "直到"，表示某事持续到某时为止；by 表示 "最迟在……之前"。

三是表示方法的介词：by、with。by（by means of）表示方法或手段；with 表示工具。

四是表示让步的介词：despite、in spite of、for（with）all。despite、in spite of、for（with）all 都表示 "尽管，虽然"。

五是表示"除……以外"的介词：besides、except、except that、except for。besides 表示"in addition to、also、as well as"；except 表示"no including"；except that 用作连词，可以引起从句；except for 引述一个与句子的含义相反的理由或事实，因而起了对句子的含义修正的作用，表示"除了……"。

六是表示标准、价值、比率的介词：by、at、for。by"以……计"表示标准（度量单位）；at 表示比率、单位价格；for 表示总价钱。

七是表示比较的介词：as、like。as 强调同一性，属于同一类或者完全相似。as 既可以作介词（用于引起同位语和表语），又可以作连词引导从句；like 强调比较，不表示属于同一类或者完全相似。like 只用作介词。

（2）介词的词组。

介词词组在英语中十分活跃，形式多样，含义丰富，考试中容易出错。

①以 at 为首的介词词组：at the risk of（冒……危险）、at the end of（在结尾，达到限度）、at one stroke（一米）、at intervals of（每隔……）、at the head of（居……首位，领先）、at the point of（接近，靠近）、at the sight of（一见到）、at the thought of（一想到）等。

②以 in 为首的介词词组：in the hope of（怀着……希望）、in the form of（以……形式）、in the course of（在……过程中）、in contact with（和……联系）、in comparison with（和……相比）、in addition to（除……以外）等。

③以 for 为首的介词词组：for want of（因缺少）、for long（长久）、for good（永久地）、for the benefit of（为……利益）、for fear of（免得……）、for the purpose of（因为……的目的）、for ages（很久，好久）、for real（真的，实在的）、for the better（好转）、for the time being（暂时）、for the sake of（为……缘故）等。

④以 as 为首的介词词组：as a matter of fact（其实，事实上）、as for（至于，就……而论）、as a rule（通常）、as a result of（由于，作为……结果）、as usual（像往常一样）、as such（就这一点而论，本身）、as a result（结果）、as regards（关于，至于）、as a whole（整个来说）、as fat back as（远在……以前）等。

⑤以 with 为首的介词词组：with regard to（关于）、with a view to（为了……）、with the help of（借助于）、with a light heart（心情愉快的）、with might and main（费尽心机）、with all speed（开足马力）、with an eye to（着眼于）、with one assent（consent）（一致，无异议）、with the advent of（降临，来临）、with respect to（关于）、with the exception of（除……以外）等。

6. 数词

（1）基数词。

在英语中表示数目的词称为基数词。最基本的基数词除 1～19 以外，有：20，twenty；30，thirty；40，forty；50，fifty；60，sixty；70，seventy；80，eighty；90，ninety；100，a hundred；1000，a thousand；1000000，a million；100000000，a billion。

其他基数词可以由以下方式构成：

①21～99：先说"几十"，再说"几"，中间加连字号。例如：23，twenty-three；89，eighty-nine。

②101～999：先说"几百"，再说"and"，最后说"几十"。例如：223，two hundred and twenty-three；416，four hundred and sixteen；809，eight hundred and nine。

③1000 以上的数：从后向前数，第一个三位数前为 thousand，第二个三位数前为 million，第三个三位数前为 billion，然后一节一节地表示。

④复数形式及含义。一是表示"几十"的数词的复数形式可用来表示人的岁数或年代；二是 hundred、thousand、million 等数词作定语或前面有数字修饰时，一般不加"s"。若表示不确定的数目，可用复数形式。

（2）序数词。

表示顺序的数间称为序数词，其构成如下：

①相应的顺序的词加词尾 th 构成，如 tenth。

②以-ty 结尾的词，要先变 y 为 i，再加-eth。例如：twenty-twentieth、forty-fortieth。

③特殊的变化形式：one-first、two-second、three-third、five-fifth、eight-eighth、nine-nineth、twelve-twelfth。

④以 one，two，three，five，eight，nine 结尾的多位数词，要参照第一条办法变个位数为序数词。例如：twenty-one 变成 tweney-first。

⑤序数词的缩写形式。常见的形式如下：first：1st；second：2nd；third：3rd；fourth：4th。

（3）分数词。

分数词是以些数河和序数词合成的，基数词代表分子，序数词代表分母，除了分子是"1"的情况外，序数词要用复数。

7. 代词

（1）相互代词 one another 与 each other 的用法。

一般而言，each other 指两个人或事物之间的关系，one another 指两个以上的人或事物之间的关系。但在现代英语中 each other 也用来指两个以上的人或事物之间的关系。

①这两个相互代词上要用作宾语。

例 1：Do you often see one another?

译文：你们彼此常见面吗？

②作定语时须用所有格。

例 1：We are interested in one another's work.

译文：我们关心彼此的工作。

③each 和 other 有时可分开用。

例 1：Each tried 10 persuade the other to stay at home.

译文：两个人都彼此说对方留在家里。

（2）代词 each 与 everyone 及 every one 的用法。

each 指两个或两个以上的人或物，侧重于个体；everyone 指三个或个以上的人；every one 指多个或三个以上的人或物，侧重于全体。

例 1：Two girls came and I have an apple to each.

译文：来了两个女孩，我给每人一个苹果。

例 2：Everyone here can get an apple.

译文：这里的每个人都能得到一个苹果。

例 3：There are ten dogs here，he gave every one a piece of bread.

译文：这里有十只狗，他给了每只狗一块面包。

（3）代词 another 与 the other 的用法。

another 表示不定数目中的"另一个，类似的一个"或"两个以上的另一个"；而 the other 是"两个中的另一个"。

例 1：I don't like this one，can you show me another?

译文：我不喜欢这个，你能给我看另一个吗？

例 2：There are two pens here，one is red，the other is blue.

译文：这里有两支钢笔，一支是红色的，另一支是蓝色的。

（4）指示代词 such 与 same 的用法。

①作定语。

例 1：We have had such a busy day.

译文：我们今天忙得真够呛。

例 2：We are not talking about the same thing.

译文：我们谈的不是一回事。

②作主语。

例 1：Such was my immediate impression.

译文：这就是我当时的印象。

例 2：The same can be said of the other artieic.

译文：另一篇文章也是同样的情况。

③作表语。

例 1：His illness was not such as to cause anxiety.

译文：他的病还不至于使人焦虑不安。

例 2：His name and mine are the same.

译文：他和我同名。

8. 冠词

（1）零冠词用法。

①专有名词、抽象名词和物质名词前一般用零冠词。

②名词前已有作定语用的 this、that、my、your、whose、some、any、on、each、very 等代词时，用零冠词。

③季节、月份、星期等名词前一般用零冠词。

④复数名词表示某一类人或事物时，用零冠词。

⑤称呼语前面用零冠词，表示头衔和职务（如果这种职务只有一个人担任）的名词的前面也常用零冠词。

⑥在某些固定词组里名词之前常用零冠词。

⑦三餐的名称前，常用零冠词。

⑧球类运动、棋类游戏等名词前用零冠词。

⑨节日、假日等名称之前用零冠词。

⑩报纸和文章的标题、提纲、书名前常常用零冠词。

（2）定冠词用法。

①在专有名词前须加定冠词。专有名词前一般用零冠词，但在下列场合中，却经常用定冠词。

②在抽象名词前加定冠词。抽象名词在用来表示它的一般概念时，通常用零冠词。但当一个抽象名词不适用于一般概念，而是表示一种特定内容。特别是当它有一限制性定语修饰时，常加定冠词。

③在物质名词前加定冠词。物质名词前用来表示一般概念时，通常用零冠词。但当物质名词表示特定部分，特别是当它有一限制性定语时，常加定冠词。

(二) 初中英语词类教学的设计

在初中阶段，词类的学习和掌握则是重中之重，下面以词汇学习活动的设计为例进行阐述。

1. 初中英语词类教学的设计目标

不同的阶段，新课程标准对词汇量和词汇使用表达有不同的要求。因此，在设计词汇学习活动时，也要考虑不同阶段学习者的词汇基础，从而设计出切实可行的词汇学习活动。具体而言，词汇学习活动设计的目标应该是：设计出让词汇学习更生动、更形象，效果更好和效率更高的课堂活动。通过多种方式和多种媒介，丰富学习活动的载体，提高学习者的学习兴趣，帮助学习者掌握本课程、本单元要求掌握的词汇。为语言技能和语言知识的学习打好基础，做好铺垫。在帮助学习者掌握词汇的同时，增强学习者的语言运用技能，培养学习者的文化意识，养成良好的英语学习态度和情感。

2. 初中英语词类教学的设计内容

初中英语词汇学习活动的设计包括四方面的内容。活动的目标：掌握本单元、本课程所要求的词汇。活动的要求：既要学习语言知识，也要掌握语言技能和培养情感。活动的过程：导入、活动介绍、活动示范、活动开展、反馈、总结等。活动的监控：用什么方法使活动顺利开展，并完成活动设计的目标和初衷。

3. 初中英语词类教学的设计方式

初中英语课堂词汇活动的设计要有一定的原则。总体而言，词汇学习活动的设计要根据不同年龄和智力阶段学习者的认知发展现状，设计出既能够完成课程标准要求又能够让学习者高效掌握所学词汇的教学活动。换言之，根据不同的学习阶段，词汇活动的设计要有不同的设计方式。

(1) 第一阶段。

二级 (初中一年级到初中二年级)。第一阶段学生的认知能力相对小学六年级而言有了更大的发展，但绝大多数学生还是处于形象思维和形象学习阶段。根据这样的情况，初中一年级和初中二年级的英语词汇学习活动的设计应该兼顾以下原则：

①直观、形象原则。在设计词汇学习活动时，要运用各种直观教学手段，激发学生感官，帮助学生记忆和学习词汇。直观教学手段包括实物、卡片、视频、简笔画、模型、身体语言等。通过直观的事物，加上教师设计的直观情境，让学生在语言、实物和情境之间建立起直接的纽带，从而激发学生学习兴趣，吸引学生注意力，让学生打通语言与其所指的事物之间的瓶颈，这会对学生的词汇学习起到事半功倍的作用。

直观的词汇教学手段一般有两种：实物直观和模拟直观。实物直观，换言之，使用词汇所指的实物或者模拟的实物来进行直观教学。如学习 apple、desk、basketball 等词汇时，可以使用实物来教学。模拟直观，可以是使用卡片、模型、简笔画等直观实物的形象来教学，也可以是运用声音、身体语言等来模拟语言环境来进行的词汇教学。直观、形象的原则一般适合于实词，如名词、动词等词汇的学习。同时，直观形象的原则应该贯穿于词汇学习的各个阶段，并且在初级阶段最应该使用。

②趣味性原则。外语学习最重要的一点就是要激发学生学习的兴趣，增强其学习的信心，让学生能够以最大的热情和最高的效率来学习。要做到这一点，词汇活动的设计就要考虑和遵循趣味性原则。尤其是刚接触英语不久的初学者，在设计词汇学习活动时，趣味性原则就更加重要。一般而言，要做到趣味性，教师要注意以下方面：

一是活动要符合学生的心理特点。七年级的学生活泼好动，那么设计词汇学习活动时，可以考虑设计需要学生肢体和语言一起参与的活动。例如，学习身体器官词汇 head、mouth、tooth 等时，使用竞猜活动，让全体学生一边猜老师所描述的器官，一边用手指指向自己相应的器官词汇 head、mouth、tooth 等。

二是活动的形式要多样化。单调、重复的词汇学习活动不可能达到趣味性的效果。如果一次授课涉及很多词汇学习活动，那么就要设计不同类型的活动，尽量避免活动的重复，如可以同时使用竞猜、单词链、购物单等多种方式。

三是活动涉及的感官要多样化。要做到趣味性，重要的是要调动学生的视觉、听觉、触觉、味觉、嗅觉等感官，让学生全身心地投入词汇学习活动中。例如，可以使用歌谣、歌曲等方式来学习，也可以在室外通过观察来学习不同的植物、花卉等词汇。

总体而言，词汇活动设计要充分调动学生的积极性，要尽量设计不同类型、学生感兴趣的活动，既要不重复，也要多样化。

③由简入繁原则。初中一年级和初中二年级的学生是英语的初学者，他们或

者刚刚开始学习，或者也有一定的基础，但是他们的心理和认知水平决定教师在设计词汇学习活动时，要遵循由简入繁的原则。

一是从实词到虚词。词汇学习活动的内容，要从动词、名词、形容词等实词开始，慢慢向副词、介词等虚词过渡。例如，我们要先设计好 desk 的学习活动，然后才能设计 desk 所处位置 in the classroom、before the blackboard 等介词的学习活动。这是人类的认知规律，也是我们需要遵循的原则。当然，反过来设计也是可以的，但是其前提是学习者必须掌握一定的基础词汇。

二是从简单活动到复杂活动。在设计活动时，要考虑学生的心理特点。十二三岁的学习者，能够集中精神学习的时间很短，大部分学生都会分神或者走神做其他事情。因此，词汇学习活动不能太复杂，要容易操作，并且时间不能持续太久。刚开始，可以设计直观的实物学习等词汇活动，然后随着学习者心智的发展，到一定年龄才能够设计复杂的词汇学习活动，如使用形容词口头或者书面描写人或者物等。

④由少到多原则。同样是由于学生的心智特点，词汇学习活动设计也要遵循由少到多的原则。

一是活动学习的内容要由少到多。每次活动设计需要学习的词汇要从少到多，尽量不要超过人记忆的极限，也就是 7 个词或者词块。只有这样，学习者才既能够学到新知识，又不会增加认知负担。

二是活动的数量和类型由少到多。虽然活动要多样性，但是过多的活动数量或者活动类型同时出现在一次授课时间内，会让学习者投入太多的精力，其效果也是事倍功半的。因此，在设计词汇学习活动时，活动的数量和类型既要多样，也要避免过量。

⑤多次出现原则。词汇的学习，涉及理解、记忆和使用三个阶段。理解是起点，记忆是前提，使用是关键。只有理解了才能够加深记忆，只有记忆里有了一定的词汇量，才能够在实践中使用。记忆是词汇使用的前提，如果在完成一个词汇学习活动后，学生很快就忘记了这个词，这说明这次词汇学习活动没有达到预期效果。

在设计词汇学习活动时，我们要按照人记忆的遗忘规律，在同一个单元或者同一个学期的授课时间内，让同一词汇学习的内容多次出现，也就是同一词汇多次出现。重复出现可增强学生的记忆效果，增加记忆保存的时间，词汇学习的内容才能由短时记忆向长期记忆转化。

以上是初中英语学习第一阶段词汇活动设计的要求和原则。在基础阶段，只有掌握了规定的词汇量，才能够以良好的面貌进入下一阶段的学习。

（2）第二阶段。

五级（初中三年级结束时）。第二阶段学习者的抽象思维有了很大发展，加上前期词汇学习和英语学习的基础，可以开展更复杂的词汇学习活动。在设计词汇学习活动时，教师要考虑到这些因素，也要注意以下原则。

①由直观向抽象过渡。在第一阶段，我们强调直观、形象、趣味等原则，其目的就是要激发学生学习的兴趣和信心。然而，语言终究是要用来记录和描写复杂事物的。在积累了良好的词汇量基础后，到第二阶段，词汇活动的设计就要向更抽象更复杂的目标前进了。同时，根据英语新课程标准，本阶段学习者要学会"运用词汇描述事物、行为和特征，说明概念等"。可见，更抽象的描写、说明等语言应用能力是必须培养的。在设计第二阶段词汇学习活动时，要更多地考虑和设计在内容和形式上更复杂的词汇活动，如单词链等。

②注重词汇的使用。第二阶段学生已经有了一定的词汇基础，那么就要进入实用阶段了。在设计词汇学习活动时，要更多地考虑词汇的使用问题。为此，应该从以下方面进行考虑：

一是通过创设词汇使用的情境来学习和使用词汇。就课堂而言，第二阶段的词汇学习需要创设一定的情境。例如，学习 international 一词时，可以把全班学生分成多个小组，各代表一个 nation，挂上各自的 national flag，来进行国际的来往等。当然，这个情境是模拟的，教师需要把它设计得越真实、越逼真越好。

二是通过真实的词汇使用环境来学习和使用词汇。真实的语言使用环境对学习者掌握所要学习的内容有很大的帮助。真实来自语言材料的真实，如说使用原版教材；真实也来自语言使用环境的真实，如由外教来参与或者主持课堂或课后学习活动等。

注重词汇的使用既可以增强学生对所学词汇的记忆和理解，又可以强调学生的实践能力，这也是语言学习的基本要求。

第二节　初中英语的听力与阅读教学

一、初中英语的听力教学

(一) 初中英语听力教学的设计

1. 明晰英语听力教学的阶段

教师开展英语听力教学活动之前，需要了解学生的学习状况，这样才能制定针对性的培养方案。具体来讲，学生听力理解能力的发展主要历经以下五个阶段：

①学生对听到的声音完全不理解，不知道声音讲述的具体内容。这一阶段，教师开展教学活动时主要是鼓励学生练习听、经常听，慢慢熟悉英语的语调和语音，逐渐形成英语语感。

②学生可以理解声音当中的一部分内容，如可以识别一些单词。借助前一段时间的积累，学生在这一阶段形成了相对正确的听力习惯，听到无法理解的生词时不会过于紧张和抗拒，可以根据能够理解的词汇推测声音的含义，猜测上下文内容。

③学生可以从声音当中提取出短语或者句型，并且根据短语或者句型理解声音所包含内容的具体意思。这一阶段的学习过程中，教师应该着重培养学生从整体角度出发理解声音内容。

④学生可以从声音当中提取出句子或者分句，并且清晰具体含义，能够了解声音当中内容的大致含义。这一阶段学习的主要难点在于学生对某一题材相关词汇的掌握数量不足，教师应该为学生提供更多与题材有关的词汇录音，帮助学生掌握更多的词汇，并且引导学生结合上下文分析生词的含义，慢慢提高学生对词汇的理解能力，加大学生的词汇量。

⑤学生可以正确理解声音当中内容的具体含义。但是，到达这一阶段并不能说明学生可以理解所有的听力内容。在题材或者内容出现更新变化的情况下，学生可能会重复经历第三阶段和第四阶段。学生如果想要一直维持在第五阶段，必须持续学习新的知识，记忆新词汇。

2. 重视英语听力策略的训练

近年来，人们对学习者的听力策略产生了浓厚的兴趣，这方面的研究也层出不穷。听力策略是语言学习策略的重要组成部分，包括认知策略、元认知策略和社交/情感策略三类。

认知策略是指通过考虑如何储存和检索信息以解决问题，如捕捉关键词、捕捉非言语提示、推理、做笔记等。元认知策略包括对理解的计划、监控和评估。在初中英语教学中通过元认知训可以引导学生自我监管与评价，可以有效地发挥学生主体作用，改进其学习方法，提高其整体学习能力。社交/情感策略包括请求对方澄清问题、自言自语以减轻压力或焦虑等。

训练听力策略对提高听力技能具有较大的帮助作用，应予以重视。一般而言，听力策略的训练可以在三个层次上进行：在隐蔽型的训练中，教师让学生做一种需要某种策略的练习，但不指明该策略，也不要求学生对使用的策略进行识别和讨论；在有意识的训练中，教师事先告诉学生在听力训练过程中所运用的策略及其用途；在受到控制的训练中，教师为学生提供机会对他们所使用的不同策略做出比较和评价。

（二）初中英语听力教学的优化

1. 加大英语教育投入

对英语教育的投入力度应该加大，投入力度的加大可以有效改善英语听力教学条件。对英语教育的投入既涉及物质资源投入，也涉及人力资源投入。教育资源的投入情况对教育效益的形成情况有直接影响，进而会影响社会整体的经济发展状况。所以，必须为教育的发展提供足够的资源。教育系统属于社会系统的一种，其中的重要组成要素是人，具体包括学生和教师。教师作为教育系统当中重要的构成要素，负责参与组织教学活动。分析现阶段的初中教育体系，可以发现教师配备情况并没有达到理想化水平，特别是城镇地区以及其他的落后地区，教师配备存在严重不足的情况，尤其缺乏英语专业教师。在社会快速发展的情况下，负责开展教学活动的教师专业化程度也越来越高，教师需要具备专业技能、知识、态度等品质。为初中英语教育提供教学资源时，需要着重关注初中英语专业教师资源的投入。教师作为教学活动开展的组织人、负责人，可以有效保证教学活动的顺利开展。

2. 增加英语听力内容

初中英语教材当中，听力内容所占的比例应该有所提升。课程教学改革将教科书的编写当成重要的改革方向。教学目标的实现需要与之匹配的教科书，课程改革活动的有效推进也需要合适的教科书提供支持。在出台新的初中英语课程标准之后，教科书也应该随之更新。过去教学使用的教材在一定程度上遵循基础性要求、稳定性要求，所以更新和改革相对较少。综合来看，教材改革进程比较缓慢。现代社会要求教科书的设计既要选择与知识有关的内容，也要选择能够体现出智力、情感以及发展等方面价值的内容。

在编写初中英语听力教材的过程中，除了要加入陈述性知识之外，也要加入程序性知识。这是因为不仅要传授学生事物基本概念，也要传授学生如何看待事物、如何处理问题的方法。新课程标准中强调，学生要掌握一定的学习策略，如交际策略、认知策略、资源策略等。这些策略都属于学生要学习的程序性知识。现阶段的教科书改革编写尤其关注学生的需求，所以初中英语听力教材的编写也应该站在学生的角度出发，这样学生作为学习主体才能和教材建立起更紧密的联系。

但是，目前还没有专门针对英语听力设置教科书。现阶段使用的其他英语教科书没有办法揭示听力教学的具体规律，不利于初中英语听力教学活动的开展，也在一定程度上阻碍了学生英语听力能力的培养。所以，当下应该积极开展英语听力教学用书的编写工作。

3. 加强英语教师培训

为了提高初中英语听力教学的有效性，使初中英语听力教学水平真正上一个台阶，需要加强对英语教师的培训，大力提高初中英语教师进行听力教学时所需要的各种知识和能力。一般而言，培训可以从以下环节做起：

①师范教育。英语教师的专业化发展以师范教育为起点，师范教育会对英语教师进行专业化培养，师范教育院校应该充分认识到师范教师培养的重要意义，应该在培养英语教师的过程中提供具有学术性特点、服务性特点以及示范性特点的教学内容，让教师掌握专业化知识。但是，现阶段的师范院校存在课程设置不合理的现象，有一些专业基础课程只是流于形式。例如，心理学课程、语言学课程、教育学课程等课程的教材没有及时更新，没有加入与本学科发展有关的前沿知识、先进知识。所以，这些课程教学没有办法取得好的教学成绩，学生也没有办法掌握专业知识。在工作之后，学生很难成为合格的教师。所以，师范院校应该高度重视师范教育工作的开展，意识到自身的责任感，做好教师个体专业化发展工作。

②新教师的入职辅导。开展新教师入职辅导工作是为了帮助新教师适应环

境。辅导工作主要由经验丰富的教师负责，经验丰富的教师辅导新教师的过程中，应该要求新教师关注两方面内容。首先，要求教师了解学生情况，针对性地开展教学活动，每个学生都有自己独特的"最近发展区"。教师应该以学生的学习情况为基础导入新课，将新课设计成可以被学生接受的课程，选择最适合的教学内容。此外，教师还应该培养学生形成英语学习的动力，激励学生提高成绩。英语动力的培养主要在于让学生形成对英语和相关文化的兴趣，与教师建立和谐的情感关系。积极主动的情感不仅可以提高学生的英语学习成绩，还有助于学生的长远发展。所以，初中英语教师开展教学活动时，应该为学生学习营造自由、民主的教学氛围，应该融洽友善地进行交流，引导学生反思英语学习过程，对自我的学习效果进行评价。其次，经验丰富的教师应该传授给新教师常见的学生问题，让新教师了解学生学习过程中容易出现哪些错误，以及如何纠正错误，养成正确的学习习惯。经验丰富教师的有效指导可以避免新教师成长过程中走过多的弯路，能让新教师更顺利地投入工作。

③自我教育教师。个体专业化发展需要始终以自我教育为基本途径，教师个体的专业化发展本就是与自身有关的知识建构过程。教师要提高业务素质、提高自身修养，需进行系统性的反思。通过反思，教师可以明确知道教学的问题，可以针对性地提高教学质量，提高自身素质。在坚持反思的过程中，教师可以向更高水平、更高层次成长发展，会对自我教学过程形成全新的认识。

4. 添加英语环境因子

添加英语环境因子是为了创造更浓厚的英语学习氛围。现阶段，教育更加强调素质教育，突出教学策略的重要性。初中英语也致力于使用多种多样的教学策略为学生提供浓厚的学习氛围，鼓励初中英语教师使用现代化设施为学生提供更真实、更自然的英语交流环境。

学习语言最有效的方式是在真实的语言环境当中学习，所以英语课堂的构建应该致力于为学生提供更加真实的语言环境。学校和教师应该鼓励学生在课堂当中多说英语，多进行英语表达，为学生的英语交流和表达提供更丰富的资源、更有利的条件。

①初中英语教师在组织教学活动的过程中，应该尽可能地全程使用英语，创造更浓厚的学习氛围。举例来说，教师可以设置某一个固定的英语话题，然后要求学生谈论与该话题有关的内容。在这样的情况下，学生的英语口语可以得到有效锻炼，学会慢慢了解更多与英美文化有关的知识。在英语学习氛围更加浓厚的情况下，学生更容易形成学习兴趣。

初中英语教师开展英语课程活动之前可以利用 3～5 分钟的时间设置课前热身活动，如唱歌活动、游戏活动。活动的设置应该与新课内容有关，应该有助于学生投入课堂。此外，教师也可以鼓励学生积极分享自己学习到的课外知识。对于积极主动表现优秀的学生，教师应该给予一定的奖励或认可。英语教师开展教学活动时，可以适当利用多媒体设备让教学活动更生动和直观。此外，教师也可以用分组的方式开展英语教学活动，英语课堂教学方式的多样性有利于学生形成更活跃的思维，学生会更主动地参与英语课堂的学习。

但是，在英语课堂教学过程中，教师在使用英语表达和交流时，应该选择有一定实用性并且相对简单的语言，这样更有利于学生理解和接受。与此同时，教师也可以适当地引入欧美文化，讲解与英语有关的历史、地理、生活习俗，培养学生形成更浓厚的英语学习兴趣，激发学生积极主动地参与课堂活动。

②课堂之外，教师也应该借助活动举办的方式为学生提供浓厚的英语学习氛围，如举办英语演讲，定期开展英语角活动。英语学科具有很强的实践性。学生在参与实践活动的过程中，可以提高听说读写等方面的能力。特定的情境会影响说话人的语言表达能力，说话人需要根据特定情境选择适合的语言表达方式，准确表达自己的意图。中西方文化有较大的差异，学生进行英语表达时，会习惯地使用汉语表达的思维，因此英语表达就会陷入误区。教学如果能够为学生提供自由和谐的英语学习环境，让学生在融洽的语言表达氛围当中学习，将会取得更优质的成效。

③积极利用其他途径为学生创造浓厚的英语学习氛围。例如，学校可以利用广播站定期播放英语歌曲，利用橱窗宣传英语文化，利用活动丰富学生课外英语知识的储备，开拓学生的英语学习视野。此外，学校也可以将教室当中的黑板报积极利用起来，让学生创办英语黑板报。与此同时，学校进行宣传时，可以同时使用中文和英语两种语言。

综合来看，学校应该积极利用多种渠道为学生构建浓厚的英语学习环境，让学生在轻松自由和谐的环境当中开展英语学习活动。浓厚的英语学习氛围有利于培养学生形成英语学习兴趣，提高学生的交际水平，训练学生形成英语思维。

5. 开展英语实践活动

开展英语实践活动，强化初中英语听力教学模式和方法，具体如下：

（1）激发学生的学习动机。

英语教师应该积极利用一切可行的方法培养学生形成英语学习的主动性，进而提高学生听力水平。现阶段，英语课堂使用的学生排列方式是插秧式，学生之间可以相互交流的机会比较少，这不利于教师开展英语听力教学。为了解决这一问题，初中英语教师可以选择使用小组合作的方式开展教学活动，增进学生之间的交流，更顺利地推进英语听力学习活动的开展。分组合作过程中，教师应该有选择地将学困生和学习优等生组合起来，这样更有利于学生之间的互相帮助、互相激励。设置小组人数时，最好控制在四人左右。教师应该先为学生播放听力材料，然后给予学生自由讨论的时间，最后要求小组选出一名同学代表整个小组总结讨论成果。在小组合作过程中，教师必须营造出自由民主的氛围，这样学生既能积极发言，也能形成英语学习兴趣。

（2）英语听力教学内容的设置应该科学合理。

教学内容指的是师生交流互动过程中彼此传递的信息。教学内容安排的科学程度、合理程度直接影响教学质量。初中阶段，英语听力教学要求教师为学生提供适合学生当下学习程度的学习内容。具体来讲，教师应该注重关注以下几方面要求：

①教师要引导学生复习之前学过的内容。学习最好的方式是重复。知识学习之后可能会遗忘，所以教师应该在开展新知识学习之前引导学生复习已经学习过的知识，加强学生的语言词汇的记忆力，巩固学生已经学习掌握的听力技能。

②听力教学内容的设置需要遵循从简单到困难的基本原则。知识学习难度的由浅入深符合学生对知识的吸收规律、学习规律。而且，从简单的知识入手更容易培养学生形成学习兴趣。

③根据听力教学内容为学生传授英语听力技巧。例如，教师可以引导学生从英语听力说话者的语气角度出发去分析内容，判断说话者的说话态度。学习听力技巧有助于学生正确理解听力材料的内容，也能在一定程度上提升学生对听力内容的感知度。

二、初中英语的阅读教学

（一）初中英语阅读翻转课堂教学模式

1. 翻转课堂教学模式的认知

（1）翻转课堂教学模式的特征。

翻转课堂是在教师课程开始之前按照教学计划、教学内容、教学重难点将微视频精心地设计和制作出来，学生可以在课下选择合适的环境自主学习教师制作好的微视频，然后在课堂上师生可以一起讨论、交流，解决自学时遇到的疑难问题或者课堂作业，在传统教学模式中，知识的传授往往是在课堂上完成的，教师讲、学生听，最后学生通过做课下作业完成课堂学习。而翻转课堂正是与这种传统教学模式。相反，翻转课堂主张学生先自学，教师再教授。翻转课堂具有更强的互动性和自主性，更能增强学生的学习效果，提升教学的质量和效率。

但需要注意的是，翻转课堂与原本的在线视频学习也存在一定的差异。这主要是因为学生在观看完网络上的微视频之后，还需要在课堂上和教师一起交流探讨各种问题，也就是教师和学生共同完成了有意义的学习活动。翻转课堂并不是让微视频直接代替传统课堂，不是让学生随意进行学习，也不是让学生单纯地通过电脑进行乏味的视频学习。事实上，作为一种教学手段，翻转课堂增加了师生的交流互动，它能够让学生对自己的学习活动更加负责。翻转课堂中，教师的角色也发生了转变，不再是单纯的"讲授者"，而是成为一个"引路人"。此外，翻转课堂的内容是能够被永久存档的。即使有学生因为各种原因无法来上课，他们也可以通过翻转课程补上自己落下的课堂内容，那些基础薄弱的学生也能够随时根据翻转课程查漏补缺。如此一来，学生对于学习活动就会更加积极主动。下面从五个层面具体分析翻转课堂的特征。

①采用先学后教模式。翻转课堂是十分典型的一种先学后教的教学模式，在此种模式下，学生要在课程开始之前通过观看教师录制的视频或者是网络教学视频做笔记，完成相关的作业。课堂开始后，学生可以将自己在自学过程中遇到的问题以及做作业时遇到的难题告知教师，和教师一起探究并最终解决问题。随着时代的发展和社会的进步，翻转课堂也要进行转型。在不改变"先学后教"顺序的同时融入新的方法和技术。以网络微视频为基础的先学后教是一种较为成功的教学范式。

与传统课堂以讲学稿、导学案为基础的先学后教模式相比，网络条件下由微视频主导的先学后教模式具有特征：一是生动的讲解。和传统纸质的导学案相比，以视频呈现出来的教师讲解必定会更加生动形象，从而受到学生的欢迎和喜爱。二是及时的反馈。与纸质导学案相比，由微视频主导的先学后教模式能够更加及时地得到学生的反馈。不管是课前学生自学情况的反馈，还是课堂上学生的学习反馈，教师都能够迅速得到。三是容易检索和保存。相较于导学案而言，电子资料更加方便检索和保存，更加有利于学生的复习。但实际上，不管是导学案还是微视频，所采取的都是先学后教的模式，二者的原理相同。

②对学习流程进行重建。翻转课堂最外化或者说最明显的标志就是它颠倒了教学流程。学生的学习过程往往分成两个阶段：一是"信息传递"，这一阶段的

实现离不开师生和生生之间的互动；二是"吸收内化"，这一阶段则由学生独立完成。因为学生课下没有同伴的帮助和教师的指导，所以常常会在第二阶段，就对知识进行内化吸收时产生深深的挫败感，从而打击自身学习的积极性，丧失学习的成就感。

翻转课堂模式的出现重新建构了学生的学习过程。在课前，学生已经完成了"信息传递"，并且学生在自学时能够看到教师的讲解视频，能够得到教师的在线指导。课堂上，教师会引导学生通过互动完成对知识的吸收和内化。教师通过了解学生的反馈能够给予学生更加有效的辅导，而同学们的讨论交流也对知识内化起到了较好的促进作用。

③提升课堂效率的把控。对课堂的把控实际上就是对课堂的控制和调节。在翻转课堂模式中，课堂上的时间主要是知识内化和顺应的时间，如果能够对课堂进行有效调控，课堂氛围就会更加浓厚，课堂效率更高，从而能够更加充分地发挥出学生的创造性潜能。例如，在采用了翻转课堂教学模式的初中英语阅读课堂上，教师更多地成为课堂的组织者、对话者、参与者，真正的落脚点和出发点是学生。教学活动实质上就是在各种教学活动引领下的学生的主动学习。在课堂上，教师要合理分配好各活动的时间，对课堂节奏有一个较好的把握，始终让学生成为总结发言、讨论交流的中心，让学生成为课堂的主体，让他们通过互动交流潜移默化地完成知识和技巧的掌握，并且教师要及时评价学生、时刻激励学生，让课程顺利完成。

④微课程资源的无限循环。就小范围而言，微课在被上传到网络后更加容易检索和保存，这让学生的自学更加方便。教师和家长能够共同对学生的自学活动进行督促，让学生通过观看视频完成相关任务及测验。学生也可以从自身实际情况出发对微视频进行反复观看或者是查漏补缺。此外，可以设置一个专门评价微视频学习情况的平台，让教师能够通过解答学生的疑问来了解学生的学习进度和掌握情况，并且提供给学生具有针对性的帮助。这不仅有利于教师改进自己的微课视频，也有利于提高学生的学习效率。微课程能够让不同地区和不同国家的学生享受到同样的优质教育资源，这无疑极大地推动教育的进步和发展。

⑤重新定位教师与学生角色。

一是教师角色发生转变。传统课堂教学常常被称作教师的"一言堂"，随着翻转课堂的兴起，这种现象得到了改善，教师一改以往刻板的知识传授者的角色，转而成为学生学习的指导者与促进者。由此，学生的主体地位得到充分体现，学习主动性与积极性的发挥也成为影响学习效果的关键因素。但是，削弱教师的主导作用并不意味着教师在课堂教学中不再重要，而是要求教师转变自身的角色观念，并为学生的探究学习、小组学习等提供指导。

除此之外，在翻转课堂应用的背景下，教师还被赋予了教育资源提供者、教学视频设计与开发者的角色使命。尤其是在学生课前的自学阶段，以视频为主的学习资源的提供至关重要，学生需要通过这些资源掌握本堂课的相关知识点。课堂学习中，教师为学生的答疑解惑也需要依靠教学视频，以增强讲解的生动性，从而加深学生对知识点的理解。如此，教师便成为学生知识学习与应用中的"脚手架"。

二是学生角色发生转变。学生原本就是学习的主角，这一观点在翻转课堂教学中得到了更正与强化。学生可以根据自身的知识水平、学习能力等调整学习进度，并且相对自由地选择学习地点和时间。在课堂上，学生可以通过协作学习、小组学习进行知识的吸收和内化。在课堂上学生也担任着知识生产者的角色，那些学习速度较快的学生也可以给予其他同学帮助，从而承担了一部分"教"的角色。

三是新型师生关系的建立。不管是课前的自学还是课上的交流，中心都是学生，学生能够自主掌握学习视频的进度，可以将内心的想法和问题与教师和同学们交流，他们在学习过程中比以往拥有更多的主动权，这是重新构建的和谐师生关系。翻转课堂对重构师生关系十分有利的原因在于，教师让学生自主选择探究题目，并独立完成探究过程，完成知识体系的建构，真正将学生视为学习过程的主体。

（2）翻转课堂教学模式的方法。

①翻转课堂中学生学的方法。

一是学生课前观看视频的方法。翻转课堂不同于传统教学课堂，它主要通过教学视频的方式来完成教师传授学生知识的过程。同时，这个过程是学生课前完成的。另外，学生课前通过教学视频来学习一些原理性、事实性的理论知识，从而对教学内容有一定的了解和学习。学生在课前观看教学视频的过程实际上是一个自我调控的过程。翻转课堂涉及的教学视频较短，一般控制在 7~10 分钟。在短时间内需要完成基础理论知识的学习，需要一定的策略和方法。

此外，学生课前观看教学视频需要掌握一定的策略和方法。一要学生必须具有一定的自制力和控制力，这是顺利观看教学视频的基础和前提。因此，学生在观看教学视频时应该选择一个相对比较安静的环境，从而保障没有外界的干扰，以便于自身能够全神贯注地投入视频观看中。二要结合自己的学习情况有选择地对视频进行回看。同一个教学视频，不同的学生观看会遇到不同的问题。同时，部分学生在很短的时间内完成教学视频的观看，这样不仅捕捉不到教学视频中的核心知识，还不利于学生下一步的讨论与学习，更不利于提高自己独立探究能力。因此，在观看视频时，学生应该对自己负责，并根据自己的实际情况进行视频的观看与学习，必要时可以回看视频，从而真正掌握视频中的理论知识。三要学生在观看视频的过程中，认真做好笔记。笔记的内容可以是自己感兴趣的知识，也可以是自己的比较疑惑的问题，还可以是一些具有探究性的深入问题，这一步在课前观看视频中起着十分重要的作用。

综上所述，学生在课前观看视频是需要掌握一定的策略和方法的，只有这样他们才能进行快速而有效的学习。

二是学生进行独立探究的方法。独立探究策略凸显了学习的独立性、自主性、开放性，同时也凸显了教学的实践性。学生在课前观看视频时采用独立探究策略是十分重要的，这种探究策略也可以运用到实际的教学中，从而凸显学生的主体性。

随着经济全球化的不断发展，社会对探究型、创新型人才的需求更加强烈。因此在实际的初中英语教学中，教师应该多培养学生的独立探究意识，提高学生的独立探究能力，进而培养和提高学生的创新能力。而翻转课堂是适应当今时代的一种新型教学模式。在翻转课堂教学模式中，学生可以积极主动到参与到教学活动中，并进行独立探究的学习。同时，翻转课堂教学打破了传统的教师传授-学生被动接受的模式，它注重学生知识的获取过程。在翻转课堂中，教师也不再是教学的主导和中心，学生的主体性地位得以彰显。同时，在知识获取的过程中，学生自主学习和主动性代替了教师传授知识的学习。另外，学生在独立探究过程中，遇到一些问题和困难是难免的，这时教师更应该发挥自身的引导作用，从而帮助学生理解和学习。更为重要的是，学生在独立探究过程中，能够体验到学习的乐趣，从而提高独立探究的热情。

②翻转课堂中教师教的方法。

一是教师制作教学视频的方法。翻转课堂是否能够顺利实施，教学视频起着关键的作用。优秀教学视频的制作离不开优秀的教师。因此，教师在制作教学视频时，应该保障教学视频的可行性和高质量。教师在制作视频时可以结合自己已有的知识独立制作，也可以采用或参考网络上的一些高质量教学视频。教师在录制视频需要很多的辅助工具，其中截屏程序是必不可少的。截屏程序的作用主要是在教师录制完教学视频后，截取掉一些不需要的视频内容，从而完成对教学视频的修改和完善。同时，在录制视频的过程中，教师也可以借助网络摄像头来完成重点内容的录制。另外，教师为了突出重点和难点，需要在白板上进行作图时，可以借助数字笔通过注释的方式来完成。

综上所述，教师制作教学视频的质量直接关乎着教学效果的实现，因此，要想制作出高质量的视频，教师需要注意以下方面：一要从视频的时间上入手，保证视频的短小，确保视频时间控制在 10 分钟以内，具体的视频时间可以根据学生的实际情况来确定。二要保证声音有力、节奏适中、语气恰当、语言顺畅。只有这样才能激发学生学习的兴趣，进而吸引学生观看教学视频。另外，教师在录制视频时，可以根据情节需要，变换自己的语调、语气等。三要确保视频中语言的幽默性。教师可以根据实际需要适当增加一些幽默性的语言，这样能够调动学生学习的积极性。

二是教师教学生观看视频的方法。如果教师制作高质量的教学视频是教学成功的关键，教师教学生观看视频是教学成功的基础。要想保证翻转课堂在网球课堂中实施的顺利性和效果的成效性，教师必须注重学生观看教学视频的策略。教师可以先让学生意识到观看视频的重要性，然后鼓励学生独立观看教学视频，最后通过一些具体的策略来引导学生如何观看教学视频。下面对学生如何观看教学视频做进一步分析，具体见表 2-1。

表 2-1　学生观看教学视频的注意事项

主要方面	具体内容
清除不利于学生观看教学视频的一切因素	通常而言，学生在观看视频时习惯性地将其他无关网页打开，这时教师应该将这些不利因素及时清除。另外，在刚开始实施翻转课堂教学模式时，教师应该集体训练和传授学生如何观看教学视频，并对教学视频的控制进行讲解，如教给学生如何使用暂停键和倒键等。同时，教师应该引导学生悟出观看教学视频的真谛和价值，从而激发学生观看教学视频的兴趣。总而言之，教师应该提高学生对视频的控制能力
观看视频中如何做好笔记	教师应该让学生知晓，学生在观看视频时应该掌握做笔记的技巧，学生可以记录重难点，也可以记录知识点，做好归纳和总结
鼓励学生寻找问题并提出问题	鼓励学生寻找问题并提出问题有利于了解学生的完成任务的情况，培养学生独立探究和学习的能力

三是教师进行课堂教学的方法。实施翻转课堂教学模式最重要的一步就是教师课堂教学的策略。只有教师组织好教学活动，通过教学策略的实施来促进学生完成学习任务，最终完成知识的建构。

在翻转课堂教学中，教师可以根据学生的实际情况以及教学内容采用不同的教学策略。例如，提问策略、实践性策略、合作讨论策略、共享策略等，从而保证翻转课堂的顺利实施。

总而言之，翻转课堂打破了传统的教学模式，注重学生的主体性，提高了学生自主学习和独立探究的能力。同时，在这一过程中，教师不再是权威者和主导者，而是教学活动的引导者和组织者。如何高效地利用课堂时间，如何有效地实施翻转课堂，需要教师稳固的知识、丰富的教学经验以及超强的管理能力。

（3）翻转课堂教学模式的影响因素。

翻转课堂教学设计是一项十分复杂的工作，它的影响因素有很多，如学习活动、学习资源、学习环境、学习分析等。下面对这些因素进行系统分析。

①学习活动。在翻转课堂设计中，课堂学习活动的设计是核心。只有在良好的学习活动的基础上，才能更加有效地实施翻转课堂。在翻转课堂模式下，课前就已完成了知识的传递，在课堂上就节省了教师讲授知识的时间。因此，怎样利用充分的课堂时间组织活动加速知识的内化，是翻转课堂能否成功的关键所在。翻转课堂的教学活动按照活动的展开范围可以分为：全班交流活动、小组学习活动、个人学习活动。其中，小组学习活动是这三种活动中较为常用的。

②学习资源。要想使翻转课堂得到有效的实施，必然离不开各种优质的学习资源。这些资源包括电子课件、微课视频、学习网站、文本教材、电子教材、练习题、在线课程等。其中，最重要且最常用的学习资源就是微课视频，它集中讲解了新的知识点。翻转课堂的学习资源更多地用于学生的课前学习。为了提高学生自主学习的效率和效果，教师不仅要将相应的视频资源提供给学生，还要为学生设计自主学习任务单，以引导学生的视频学习。学生可以参照学习任务单，明确观看视频的重点，从而顺利完成知识的自学过程。

③学习环境。翻转课堂的实施离不开网络学习环境的支持，如学生的学习终端和网络学习平台等。网络学习平台在翻转教学模式中发挥着较大的作用，它能够为初中英语教师提供个性化推送，也能够实现师生之间的互动交流，还能够收集和分析学生在线学习的各种数据。在翻转课堂的实施方面，网络学习平台是最基础的环境。学习终端也具有很多功能，如支持学生微视频学习、网络交流、在线测试等。

④学习分析。在实施翻转课堂时，教师还有一个十分重要的工作，即利用学习分析技术解释和分析学生在课前网络学习过程中所产生的大量数据，从而判断出学生的学习进度以及可能存在的学习问题，或者对学生的协作能力、批判性思

维以及解决问题的能力等进行分析，并在此基础上对自己的教学过程或者教学内容进行适当的调整。

（4）翻转课堂教学模式的内容设计。

①过程的设计。

一是确定学生课外学习目标。翻转课堂的设计第一步就是将学生的学习目标确定下来。翻转课堂使课内外的教学颠倒过来，学生在课外已经对新知识进行了学习，课内则将更多的时间放在知识内化上。因此，学生在课内和课外的学习活动有着不同的学习目标。在确定目标时要考虑到三个方面，具体见表2-2。

表2-2　确定目标的考虑因素

主要因素	具体内容
详细地阐述学习目标	对于学生完成学习任务前后所发生的能力和行为方面的变化，学习目标应该做出重点解释。从认知领域的学习目标而言，罗伯特·F. 马杰的著作《程序教学目标的编写》中指出完成的教学目标具有一些基本要素——条件、行为、标准。在具体进行教学设计时，有必要在以上三个要素的基础上添加一个新的要素——对教学对象的陈述。为了方便记忆，可以将制定教学目标的要素简称为"ABCD模式"，具体如下： A——对象：详细地说明教学所针对的对象 B——行为：阐明通过学习学习者所发生的行为方面的变化，在描述行为时，应该更多地使用"了解""知道""应用""掌握""理解"等词 C——条件：论述行为产生的条件 D——标准：对达到上述行为的最低标准做出明确的规定
学习目标是能够实现的	在制定学习目标时，往往要考虑很多因素，如学生的认知规律、年龄和知识水平等。若学生的年龄不同，他们的知识和能力水平、认知规律等也会存在差异，因此对于不同的学习活动他们能够达到的学习结果也会各不相同。因此，制定的学习目标应该是学生能够实现的
学习目标是可测量的	教师制定的学习目标一定是可量化的，这样有利于对学生达到学习目标的程度进行测量。因此，每一个学习目标都要有与之对应的评价活动和评价问题，还要有评价工具去对学生完成目标的情况进行收集

二是选择翻转内容。在翻转课堂的课外学习目标确定之后，教师就要对翻转内容进行选择，选择翻转内容，必须将学生的特点和认知规律作为出发点。

三是选择内容传递方式。选择内容传递方式主要指的是媒体工具的选择，正是这些媒体工具承载着学生翻转学习的内容。通常翻转课堂中可用到的媒体工具有两类：第一，文字、视频、图片等承载着翻转内容的媒体资源；第二，传播资源的系统工具，如学习管理系统、网络教学平台、网络终端和交流通信平台等。决定选取何种学习内容传递方式有：要传递的内容的大小和形式、学习者的位置及其接收设备等。在综合考虑各种因素的基础上，教师要选择传递信息量大、传递速度快、信息获取方便的最佳方式，以方便学生个性化学习的开展。

四是准备教学资源。在学习内容和传递方法都确定之后，就到了学习资源的制作环节。学习资源可以自己开发制作，也可以搜集网络上的相关资源。但不管是通过何种途径形成的学习资源，都要与此前制定的学习内容相一致。此外，资源的大小和形式等也要和传递工具匹配起来。

五是确定学生课内学习目标。课内学习目标和课外学习目标是存在差异的。课外学习目标主要是针对低阶思维技能提出的，因为课外学生的学习活动更多的是培养学生的识记、理解和应用能力。而在课内，学生要和师生深入地讨论交流、开展探究活动，所培养的更多的是评估、分析和创造等能力。所以毫无疑问，课内学习目标更注重高阶思维技能方面。

六是选择评价方式。在课程开始前，师生都应该对课堂教学活动做好充分准备。低风险的评价方式是课堂上教师评测学生的常用方式。这种方式不评价学生的等级和分数，而主要用来发现学生在学习过程中所存在的问题，以便师生对自己的计划进行相应的调整。

课前小测验就是经常用到的一种低风险评价方式。小测验有 3~4 个题目，它既检测了课前学生所学到的事实性知识，又使学生有了一个综合应用新知识的机会。通过这个测验，教师可以将测验中的问题告知学生，学生也可以就自己的困惑向教师提问，从而得到满意的解答。因此，在课程开始前用低风险的评价方式对学生的学习效果进行检验是较为有效的教学策略之一。低分评价的方式有很多种，教师可以根据学生课前的自主学习内容选择最佳的评价方式进行评价。

七是设计教学活动。通过之前的评价，教师已经大致明确了学生的学习难点，此时教师需要根据课程目标和学习难点设计最佳的课堂教学活动。课堂学习的重点是解决学生在自主学习过程中的难点，引导学生对新知识进行应用，并将学习内容引向更深的层次。因此，所设计的教学活动要有利于培养学生的高阶能力，如探究学习、基于项目的学习等。

八是辅导学生。只有在教师的正确引导下，课堂上的教学活动才能取得预想中的优良的教学效果。在学生开展教学活动时，教师应在旁边予以适当的指导，有时对于那些存在困惑的学生，教师还有必要进行个性化辅导。在学习过程中，对于学生所提出的问题教师要及时给予答复。在学生学习结束或者是汇报学习成果时，教师要进行总结，引导学生进一步内化知识，完成知识的升华。

②学习任务单的设计。

一是学习任务单的设计方法。在初中学习任务单的设计过程中，最关键的部分有两个方面：一方面是学习目标的设计（表2-3）；另一方面是学习任务的设计（表2-4）。

表2-3 学习目标的设计

学习目标设计的本质	学习目标从本质上而言，同教学目标的根本方向是一致的，它是由教学目标转化而来的。学习目标的设计目的在于反映学生在自主学习情况下的学习效果。学习目标通常是确定的，因此它是一个常量要求，而不是变量要求。在学习目标的指导之下，学生的自主学习应当有一个进度计划，并根据自己的实际需求完成各项学习活动，以达到掌握所有的学习材料，完成学习目标的目的
学习目标设计的步骤	学习目标的设计分两个步骤进行：一是以教材为依据，进行详细而深入的分析，确定具体的教学目标；二是对既定的教学目标进行转化，使其成为适应学生学习实际的学习目标。虽然学习目标是由教学目标转化而来的，但是两者不是完全等同的。因此，教师应当明确地向学生说明他们在自主所应当完成的各项学习任务，并要求他们通过观看教学视频完成学习任务单所给出的各项学习活动，这样学生就能够对自己的学习目标形成一个清晰的认知，这对于学生自主学习的高效完成是不可或缺的

表2-4 学习任务的设计

学习任务设计的要求	具体内容
与学习目标的要求相符合	学习目标的设计目的在于使学生在开展自主学习之前，就能够对自己的学习活动以及自己所要实现的学习效果形成明确的认识。要想真正将学习目标落实到学生的学习实践中，就必须以良好的学习任务设计来作为保障。这样学生只要完成了既定的学习任务，就能够自然而然地达成学习目标。如果教师能够将学习任务设计得科学而又合理，那么学生也就能够在自主学习中快速而有效地实现教师所预期的教学目标
具备把知识点转化为问题的作用	在初中学习任务设计过程中，最有效的一个途径就是将学生所要掌握的知识点转化为具体的问题。具体而言，就是将教学中的重点、难点以及其他一些知识点通过问题的方式呈现在学生面前。对于教师而言，这种转化是必需的。首先，把知识点转化为问题具有非常强的可操作性，因为自主学习的向导便是问题，有了问题，学生就能够开展自主学习；其次，将知识点转化为问题，能够在很大程度上启发学生的思维，培养学生分析问题和解决问题的能力

续表

学习任务设计的要求	具体内容
将知识点的涉及面与权重考虑在内	初中学习任务的设计有两个关键的因素：①对教学的难点、重点以及其他知识点都应当有所涉及；②对于各类知识点的权重要有明确的把握。一般而言，教学的难点和重点需要细化分解为更具体的问题，才能够使学生加强理解和记忆，而其他一般性的知识点则只需要一个问题就能够使学生达到掌握的目的。所以，教师对于各类知识点不能一概而论
为学生提供便捷的资源链接	学生在自主学习过程中，需要大量的学习资源作为支撑。因此，教师应当在设计好的学习任务中，设置比较醒目和便捷的资源链接。这样一来，学生就能够及时获取所需的学习资源，高效地完成学习任务
适当地融入练习	学生经过自主学习，能够掌握一些基础知识，如概念、原理等，此时最需要的就是对这些内容进行巩固，教师应当适当地在学习任务的设计中融入一些练习，让学生既能通过练习检测自己自主学习的效果，又能获得学习成就感

二是学习任务单设计的注意事项，见表2-5。

表2-5　学习任务单设计的注意事项

注意事项	具体内容
明确学习目标与学习任务的关系	学习目标与学习任务的关系十分密切，但是两者并不是一个概念。在学习任务单的设计过程中，有些部分教师对于这两者没有形成非常清晰的认识，就容易导致学习任务单的设计出现问题
知悉课前任务与课堂任务的关系	虽然在翻转课堂教学模式下，学生在课前观看教学视频开展自主学习是一个非常重要的环节，但从根本上而言，课前的自主学习并非翻转课堂的核心环节，而课堂教学中的交流互动与探究学习才是翻转课堂的重中之重。换言之，学生课前的自主学习是课堂开展的基础，也是课堂学习的重要保障。翻转课堂要想实现成功的翻转，最关键的是参与课堂教学的学生要在课前观看视频的过程中进行积极的思考，并提出问题。只有这样，才能推动课堂教学中一系列互动和探究学习活动的有效开展。可见，学生在观看视频之后，完成学习任务单所规定的学习任务，并不足以支撑课堂教学活动地进行，其中不可或缺的方面是学生还应该积极思考，发现问题，从而带着问题参与课堂教学。这样，学生就能够在课堂的互动中与同伴合作探究，以达到解决问题的目的。由此可见，如果学生在课前观看视频的过程中思考越充分，发现的问题越多，课堂的互动与探究也就越能够有效地展开，课堂教学效果自然也就越好。所以，教师在设计学习任务单时，应当明确课前与课堂的任务及目标的关系。教师在对它们进行设计时，也应当保持在合理的范围之内，否则很容易导致课前与课堂的任务与目标之间产生混淆，而无法实现预期的教学效果

③学案的设计。学案，也被称作导学案，指的是教师所设计的能够对学生的自主学习和知识建构起到指导作用的材料。学案的作用是多元化的，如导读、导思、导视、导练。

一是学案的构成。学案对于学生的自主学习起到重要的指导作用。因此，学案在构成上应当包含诸多足以支撑学生学习活动开展的因素，如学习目标、重难点、知识链接、学习指导等，具体见表2-6。

表2-6　学案的构成

构成因素	具体分析
学习目标	学习目标指的是学生在完成一系列学习活动之后所应当达到的程度。教师在设计学案时，应当为学生设置具体而明确的学习目标。目标的数量切过多，通常设置2~4个是比较合理的。此外，教师还需要注意，教学目标的表述中不要用模糊的词语，如"了解""掌握"等，而是要用明确的词语，如"解决……问题""记住"等具体的词语，这样才能确保学生明确目标并为实现目标而努力
学习重难点	教师在设计学案之前，要明确课表的具体要求，并对教材进行深入分析，然后根据学生的实际学习情况，确定学生学习的重难点
知识链接	教师要在学案中为学生提供丰富的知识链接，以便于学生巩固旧知识，预习新知识，从而为以后的学习奠定基础
学法指导	学法指导可以通过两种方式来呈现：一是在知识的导学中融入学习方法；二是单独呈现学习方法。常用的学法有自主学习方法、阅读方法、做笔记方法等
学习内容	在学案设计的诸多要素中，学习内容是一个非常关键的方面，它通常包括自主学习、合作学习等内容。学习内容的设计不仅要体现出学案导读、导思、导视、导练的作用，而且要对知识进行更深层次的挖掘
展示提升	展示的根本目的是实现学生的提升，因此它不是传统意义上的重复讲解与核对答案。针对这一环节的设计，我们必须体现出创新性与互动性，使学生无论是在小组展示还是班级展示中都获得提升
学习小结	学习小结指的是对本堂课的知识所进行最后的归纳总结，目的是加深学生对知识的理解与记忆
达标检测	达标检测的设计要注重题型的多样化，但是题量和难度应当适中，并体现出一定的典型性和针对性，使其真正起到检测学习成果的作用。学生完成检测之后，教师应当给予及时的指导
学习反思	师生在课堂的教学中形成的学习反思是重要的教学资源。学案要留有一定的空白，使师生能够及时对自己的反思进行记录。学生通过记录自己的学习反思，就能够为以后的复习提供许多便利

二是学案设计的方法，见表 2-7。

表 2-7 学案设计的方法

内容	具体分析
学案设计的要求	首先，帮助学生梳理知识体系。帮助学生梳理知识体系要过好教材关，要充分理解教材的编写宗旨，把握教材的知识体系和知识结构；要掌握教材中针对不同层次的学生所提出的学习要求，深入理解个性化教育的深刻内涵；要把握学生获取知识的全过程，寻找激发学生思维和能力的关键点 其次，为学生提供适宜的学习方法和学习策略的指导。学案的编写，要求教师在教学过程中实现由关注自身如何教向关注学生如何学转变。因此，学案应当具有较强的指导性和预见性，使学生能够在学案的指导下积极地进行思考，实现学会与会学两者的有机统一，进而使学案真正成为教师教学的依据和学生掌握学习方式和知识体系的重要载体 最后，学生的个性发展与全面发展要统一。每个学生都是一个独立的个体，在自身学习能力和知识水平上，都存在不同程度的差异，因此学案的编写应当将这一方面充分考虑在内，使学案能够满足不同层次学生的学习需求。需要注意的是，学案并不是僵化、一成不变的，在使用的过程中，教师完全可以根据现实的教学需求，结合自己的思考和理解对学案进行个性化加工，从而最大限度地发挥学案的价值
学案设计的具体方法	首先，明确教学目标，建立知识结构框架。学案设计的目的之一就是指导学生的学习。因此，学案中应当将教学目标明确体现出来，并且保证全面性，即除了单一的知识目标，还要包括相应的能力目标、德育目标等。与最为重要的知识目标相对应的，就是系统的知识结构框架，如宏观的学科知识结构、微观的课时知识结构，这也是学案设计需要格外关注的 其次，把握知识的重难点，找出最佳切入点。除了基础知识的铺列，学案设计还要注意把知识的重难点体现出来，让学生明确本次学习的着力点。同时，教师要发挥辅助者的作用，为学生攻克重难点知识提供相应的方法，引导他们通过发散思维分析出问题的症结所在，并在个人努力与通力合作中将问题解决 再次，设计问题，培养学生运用知识的能力。在学生能够对知识基本掌握之后，教师就要培养其对知识的运用能力，设计问题就是一个很好的方法。具体而言，就是教师以学习内容为依据，以学生的学习能力为参考，以启发学生的思考为目的，设计一些实用性的问题，学生解决问题的过程就是在实际中运用知识的过程。由此，学生的知识运用能力自然得到提高 最后，通过练习，及时自查和巩固学习效果。练习是学案设计的最后一个环节，也是最不可或缺的一部分。原因在于，学生在系统的知识学习之后，必须通过检验才能得知学习效果。学案中练习题的设计就可以起到促进学生自查的作用：一方面，自查可以让学生明确自己的学习情况；另一方面，教师也能够根据自查的结果对学生开展针对性的指导，从而改善其学习效果

④活动的设计。翻转课堂包括课前自主学习与课堂互动探究两个主要环节。在课前自主学习环节，学生虽然掌握了一定的知识，但是这些知识并不成系统，而是"碎片化"的。只有在课堂上，通过活动与探究，对这些"碎片化"的知识加以整合，才能实现吸收和内化。所以，对于课堂环节的设计是翻转课堂实施的一项关键内容，也是对教师教学设计能力的一个极大的考验。具体而言，课堂活动的设计主要涉及以下方面的内容：

一是确定问题。翻转课堂不同于传统的课堂教学。在翻转教学课堂中所探究的问题并不是由教师单独决定的，而是由教师与学生共同确定的。从教师的视角而言，教师在提出问题之前势必会结合教学大纲、教学目标以及教学的重难点。而从学生的视角而言，学生在提出问题时，会参考自己在课下看视频的情况和结果，也可以根据课前的一些练习以及与同伴之间的讨论，将一些课前无法解决的问题呈现出来。通过综合分析师生的不同的问题，最终确定翻转课堂所探究的问题。

二是合作探究。合作探究最常见的形式就是小组协作。教师可以根据学生的实际情况，按照每组 4~6 人的规模来划分小组，之后将探究的问题分配给每个小组。同时，为了小组讨论的顺利进行，教师应该在每组中选取一个组长，来负责该组的探究活动。在合作探究中，教师应该鼓励小组内的每个成员都积极参与讨论和探究，并结合主题和自身已有的知识提出自己的见解，从而通过不同成员的交流与讨论来解决问题，实现学习目标。需要注意的是，在每个小组讨论的过程中，教师必须发挥指导的作用，及时捕捉学生探究的动态，从而选取一些合适的学习策略。除此之外，在合作探究中，教师应该引导学生先解决组内问题，再交流与讨论其他组的问题，这样不仅能够激发学生学习的兴趣，还能提高学生的参与意识，从而实现教学目标。

三是展示质疑。经过合作探究之后，就进入了下一个阶段——展示质疑。通过合作探究之后，教师应该组织全班学生将自己或小组内的协作探究成果展示在教学课堂中。在这一过程中，教师只是一个组织者和引导者，教师可以对学生提出的观点或意见加以补充，但不可以代替学生来表达，真正将课堂变成学生的研讨会。在组织学生展示时，教师可以采取的形式有很多种，比较常见的有演讲形式、比赛形式、成果展示形式等，从而保证各个小组都有发言的机会，实现学习与讨论的共享。

四是点拨评价。在展示质疑之后，教师就需要根据不同学生的表现和观点进行点拨评价。对于学生一些错误的观点和答案，教师应该充分发挥引导作用，及时指出和更正学生的错误；对于学生不完整的观点和答案，教师也应该有针对性地进行补充和完善；而对于一些没有确定答案和比较开放的问题，教师没有必要统一学生的答案和观点，而应该鼓励学生积极参与到讨论中，并发表自己的观点。总而言之，教师应该在学生合作探究和展示质疑之后，对学生的完成情况进行归纳和总结，从而了解学生学习的情况以及存在的问题。另外，教师可以根据学生已掌握和未掌握的知识以及需要进一步拓展的知识来设计下一步的教学方案，保证教学方案的真实性、针对性和可行性。需要注意的是，在点拨评价完成之后，教师应该给学生布置下一次的教学视频以及需要探究的问题，从而使学生不断吸收新知识。

五是达标测评。翻转课堂活动设计的最后环节是达标测评。经过以上四个环节的不断推进，学生已经掌握了课程标准所要求的知识目标与基本技能目标，同时学生对教学中一些基本概念、基本原理有了进一步的理解与认识，并能够灵活地进行应用。因此，教师可以通过临下课前的 5～10 分钟来对学生的达标能力进行测评，从而更好地进行下一步的教学。达标测评不仅有利于检验学生的学习情况和技能水平，还有利于学生综合能力和灵活应用能力的提高。

综上所述，翻转课堂教学活动的设计，其实就是一个确定问题–解决问题–评价问题的过程。众所周知，无论是传统教学课堂还是翻转课堂，其时间都是固定不变的，因此，在实际的教学，教师应该根据不同环节的重难点来安排和调整时间，从而为翻转课堂的实施提供保障。

（5）翻转课堂教学模式的具体要求。

①翻转课堂教学模式教师方面的要求。教师作为培养人的人，在翻转课堂教学模式中是一个引领者，希望培养出适应时代发展的人才，教师就要以身作则，接受新的课堂教学模式发出的挑战。

一是转变教学理念。翻转课堂教学模式是一种颠覆传统的教学方法，教学模式，当前产生的新兴教学模式，教师们从认真学习到积极实施，这中间经历的不仅仅是教学模式的形式变化，更是根深蒂固的传统教学理念的变化。教师要把握住翻转课堂的内涵，翻转的是知识传授和知识内化这两个环节，并不是简单的课前观看视频，课上传统教学。课堂不仅是教师的课堂，而是真正要从学生的反馈出发来组织教学，在课上以学生的问题为切入点，以学生的疑问为教学内容，有的放矢地开展，真正将学生放在了教学主体的地位上。

二是信息素养要求高。翻转课堂教学模式实施的每一个环节，从课前视频的制作，学习资源的搜集，幻灯片的组建，到课上多媒体教学手段的使用等，都要求教师要具备较高的信息化素养。

三是提高教学设计的能力。翻转课堂教学模式主要从时间和空间上翻转了知识传授和知识内化两个阶段，知识传授环节从课上挪到了课前，知识内化环节从课后挪到了课上。这样，教师不仅仅要在知识传授环节进行教学设计，课堂上的知识内化环节更需要高超的教学设计。如何将学生学习的反馈整合起来，创设怎样的情境，厘清怎样的思路将问题贯穿始终等问题，都是教师要思考的问题。这比传统课堂的教学设计有更高的要求，是更大的挑战。

②翻转课堂教学模式学生方面的要求。传统课堂中，学生总是跟在教师身后亦步亦趋，而翻转课堂中和课前，学生可以自由选择学习的时间、地点，学习的进程，甚至可以就一个内容反复的学习。对于学习中产生的疑问，可以在课前或是直接在课堂上反馈给教师，教师可以做到有针对性的答疑解惑。学生还能够参与协作学习，讨论探究，主动构建自己的知识体系，成为学习的主动参与者甚至是领导者。相较于传统教学，更容易让学生获得成就感，自信心也能有很大提升。但是，这样的教学模式需要学生转变学习方法，提升学习的技能，对学生而言也是一大挑战。

一是学生需要具备自主学习的能力。传统课堂中，学生的学习方式主要是听讲，接受知识，可将其称为"学会"。而翻转课堂教学模式中，学生要"会学"。在课前视频学习及讨论交流环节中，学生需要自己做主，在没有教师指导的情况下进行学习，习得的新知识还要添加到自己已有的知识体系中，进行有效整合以备使用，即对学习者而言，需要具备很强的自主学习能力。这种学习能力需要较长时间的引导和培养，因此，翻转课堂教学模式不太适用于低年级的学生，初中学生基本具备自主学习的条件，能更易开展这方面的教学。但在实践中，部分学生由于长期的传统课堂的熏陶，缺乏自主学习能力的培养，自主学习能力较为低下，在翻转课堂教学模式中学习起来较为困难，学习兴趣可能反而比之前更为低下，这是翻转课堂教学模式在学生方面的一大挑战。

二是学生需要具备与他人交流的技能。在互动讨论环节里，学生要具备与他人交流的技能。学生需要为同伴答疑，条理清晰地摆事实讲道理；自己遇到疑问时，用准确的语言描述自己的难处，让教师同学能够知道问题关键所在；或是在小组学习时能够协调组内成员的关系，必要时还要能够领导他人，这都需要一定的甚至很强的交流技能，交流技巧。翻转课堂教学模式需要这种能力，学习者也能在该模式中不断培养这种社交技能。

三是学生需要具备信息化素养。随着电子设备的普及，学习也进入智能化时代。学生本身都具备一定的信息化素养，但是大部分学生的电子设备用于娱乐，很少用于学习。学生对于学习软件、工具的使用不熟悉。因此，虽然学生具备信息化的硬件，但这些硬件被开发而使用在学习上的只占了很少部分，很多工具仍要教师、家长和社会善加引导开发，这就对学生的信息化素养方向提出了挑战。

四是学生需要学会自我管理。翻转课堂的学习中，学生拥有了一定的自主权，可以决定学习时间、方式、进度等。学习时会借助一些电子设备和网络，因此学生要自己决定在学习中花费多少时间，这时就要求学生要有一定的自我管理能力。学生要能合理地分配学习和娱乐的时间；学习中要合理分配视频学习，课前作业的时间；选择合适的时间来学习等。

2. 初中英语阅读翻转课堂教学模式的运用

（1）课前——搭建阅读学习支架。

①教师需要学习新的教学观念。教师必须对翻转课堂里面有深入的了解，然后将现代技术应用在教学过程中，让其在教学内容、教学目标以及教学策略等方面发挥作用。相比于传统的阅读教学方式，教师需要使用信息化手段分析研究阅读文章，与此同时，了解学生的学习情况。在此基础上，制定个性化的教学方法，确定不同层次的阅读教学目标。可以说，相比于传统的阅读教学方式，翻转课堂教学方式使用的教学理念完全不同。所以，教师需要更新教学理念。

②制作阅读教学需要的视频。翻转教学要求教师使用多媒体技术制作视频。视频内容主要包括教学重点、教学难点，要有助于学生构建新旧知识之间的联系，也可以加入与测验有关的环节，检测学生的阅读成果。教师需要利用多媒体技术将各种各样的资源转化成学生的学习成果，帮助学生构建英语阅读知识体系，推动英语阅读知识的实际运用。教师制作视频时，需要控制视频长度，不宜过长，也不宜过短。而且，视频当中知识难度要适合大多数学生的学习水平。制作视频过程中，教师可以积极和其他教师交流互动。视频当中可以加入一些与阅读有关的背景知识，可以提出具有思考性的问题，也可以加入作业任务。这样，视频才可以充分发挥出培养学生学习能力的作用。

③教师在线回答学生疑问。教师可以构建以社交媒体为基础的交流群，为学生提供学习服务，积极和学生构建和谐的师生关系，深入了解学生的学习状况、生活状况。

（2）课中——阅读策略训练与知识内化。

翻转课堂模式下的教学环节有着大量时间组织教学活动，以多种形式解决学生自学中的问题、培养学生阅读策略，并进行实践创新环节以促进知识的内化，因此合理的课堂环节包括确定学习任务、完成任务、汇报任务。

①确定学习任务。确定学习任务是指教师就学生们在预习当中遇到的疑问进行统计与讲解，在学生理解之后抛出与教学内容、教学目标相关的其他问题或文本引导学生继续探讨。教师要抛出不同层级的问题以实施深度教学，将提出同一问题的学生群体分组，运用问题链式教学引导学生分析、解决问题，促进学生自主学习能力的发展。例如，列出根据原文预测下文、分析文章逻辑等问题以实现学生思维品质的发展。

②完成任务。完成任务环节中教师先划分学习小组，各小组用英语交流并在小组长统配下分工协作，共同完成任务。例如，在回答阅读理解题目及语篇分析时，小组可采用头脑风暴策略展现思维框架，以一人记录、多人回答补充方式发展发散性阅读思维；当阅读相关材料时采用寻读、略读等策略，遇到生词时，小组成员分为猜词和查阅词典两部分，通过合作讨论习得生词。小组合作方式能够有效提高学生的阅读效率、增强学生在互动中的口语表达能力，进而内化知识，掌握相应的阅读技巧。值得注意的是，教师在学生完成任务过程中可适时以教师主讲的方式整合知识点，加深学生理解，培养学生阅读理解能力；同时要主动参与到各小组的讨论当中，了解学生讨论情况，适时进行指导。

③汇报任务。汇报任务是指各小组在完成阅读任务后参与到教师设置的活动当中以展示任务成果。例如，学生通过朗读、角色扮演、辩论等方式进行汇报展示，不仅锻炼了口语表达能力，更对所学知识进行了内化与应用，深入了解了阅读材料的文化内涵。

（3）课后——知识巩固与评价。

课堂学习结束之后，学生需要巩固知识。为了让学生在课后学习阶段更好地开展自主学习，教师需要先对学生在课堂当中的表现情况进行总结与评价，找出学生学习的问题，积极引导学生改正问题。之后，英语教师需要布置拓展性作业或者设置导学案，引导学生反思学习过程，复习学习过的知识，巩固技能。这样，学生可以构建出更完整的知识框架，这有助于学生吸收理解知识运用知识。

翻转课堂是课程改革的产物，将课堂和现代信息技术融合。对于教师和学生来讲，翻转课堂是一种新的教学组织形式。翻转课堂模式强调以学生为中心，赋予学生真正的主体地位，让学生变成教学主体。如果初中英语阅读学习想要有效引入翻转课堂模式，英语教育工作者需要开展深入的研究与分析，探索翻转课堂模式在教学当中的具体应用策略。这样，翻转课堂教学模式才能在培养学生形成自主学习能力、提高学生英语学科素养方面发挥作用。

（二）初中英语阅读多模态教学模式

1. 初中英语阅读多模态教学模式的理论

语言学当中的模态指的是人类加入各种交际活动可以使用的媒介或者渠道。模态除了包括传统语言文字之外，还包括非语言文字，如音乐、图片、颜色。多模态指的是多种多样的模态、多种多样的样式。多模态当中包括多种单个感官模态。

多模态教学模式遵循的理论基础是多模态话语分析理论，多模态话语分析理论以社会符号学理论为基础建构而成。多模态理论认为语言本质上是社会符号，而且，语言作为社会符号可以表达具体含义，具备表意功能。但是，可以表达含义的不仅仅是语言，声音、表情、图像，动作作为非语言符号也可以表达意义。多模态理论指出语言和非语言两种符号都具备语言功能、概念功能以及人际功能。多模态话语是指参与语言交际活动时使用多种社会符号资源、使用多种手段、运用多种感官。

（1）社会符号学理论。

多模态话语分析理论的主要理论基础之一是社会符号学，它是符号学的一个分支。符号学的主要代表人物有索绪尔和皮尔斯。

索绪尔为语言符号学的建立做出了不可磨灭的贡献，他区分了"能指"和"所指"。在索绪尔看来，符号学中语言研究的核心应该是音响形式和概念之间约定俗成的联系。索绪尔重点研究个体符号的特性，为人们明晰了"语言"和"言语"之间的区别，但是索绪尔更多的是注重"语言"。需要注意的是，索绪尔的一些主张或观点，如语言的单位与结构是其自身的特征，不受外部其他因素的影响，语音与意义没有必然的联系，意义由其和其他符号的关系确定等，在之后的研究中引起了巨大的反响，也推动了后来的学者从不同角度去研究符号学。

代表英美传统的皮尔斯注重普通符号学的研究，其主张符号包括符号表征、符号对象和符号解释三个方面。皮尔斯研究核心不是单纯的语言符号，而是各种可以体现意义的符号资源。皮尔斯的符号学将符号分为三类：图像、索引和象征，并指出三者在程度上存在差异。皮尔斯强调所有图像都具有三个方面的特征：图案符号具有更大的相似性；象征符号具有的图像性最小；索引符号介于两者之间。"解释"一词的使用，意味着皮尔斯突出人作为解释者的作用。必须强调的是，关于逻辑和意义之间的关系，皮尔斯仅从哲学的视角探究，只突出人的个体特征，忽视了其社会属性，所以他的研究方法还是仅属于形式主义的领域。

（2）系统功能语言学理论。

系统功能语言学理论是多模态话语分析理论的起源和基础。从渊源上而言，多模态话语分析理论从系统功能语言学理论中继承了语言的社会符号思想、元功能理论、语境理论、系统理论、层次理论和语域理论。在多模态话语分析理论视域下，人们特别关注的是其他的各种非语言符号系统，如图像、色彩等。而且系统性和多功能性同样也是多模态话语本身的特征，即多模态话语同时具有三种元功能："概念功能""人际功能"和"谋篇功能"，而语境因素又制约着多模态话语的意义解构。

系统功能语言学之所以能够成为最适合研究多模态话语的理论模式，原因在于三个方面：系统功能语言学不仅研究语言的内部机制，还特别强调其外部环境与动因、实现意义的特征以及语言内外之间的关系机制；系统功能语言学把话语的意义和功能置于核心地位，更有助于深入地、系统地全面研究语言的符号系统；意义的实现依赖于多种模态，而语言只是这些模态中的一种，有时甚至不是最适合的。

（3）多模态隐喻理论。

多模态隐喻研究逐渐成为多模态话语分析领域一种新兴的研究趋势。隐喻是人类的一种思维模式和行为方式，其体现形式本质上应该是多样化的，既可以使用语言，也可以使用其他符号系统来体现。"单模态隐喻"指的是源域和目标域只使用或主要使用一种模态来呈现的隐喻；"多模态隐喻"则是指源域和目标域分别或主要利用不同的模态来呈现的隐喻。

目前，国内对多模态隐喻展开了研究，主要成果在于介绍多模态隐喻理论以及对相关著作的评述，并在此基础上进行理论探索。另外，应用性研究主要利用多模态隐喻理论分析政治漫画和手势语等多模态语篇。在研究方法上，其主要为内省式的定性研究，缺少实证性的定量分析，研究视角方面跨学科研究较少。

（4）学科融合理论。

近年来，多模态话语分析领域的研究者在探索更多社会符号的同时，开始注重不同学科视角的相互交叉与融合。在研究方法方面，国内外学者开始借助数字技术注解和模拟复杂的多模态语篇，并尝试进行多模态语料库的建立以及多模态检索软件的开发。另外，关于读者对多模态语篇认知的实验研究也陆续展开，眼动实验、问卷调查，甚至脑成像技术等已经纷纷应用于实证分析。在多模态话语分析研究的起初阶段，人们只是机械地以系统功能语言学为理论指导分析其他的非语言模态，对非语言模态的相关理论了解不够，因此无法在多模态话语分析理论研究上取得更多的成就。然而在最近几年中，研究重点逐渐开始转向对各种模态的深入探讨与完善，根据各自领域的研究成果多角度研究，分析优缺点。

多模态话语分析研究的重点应该为从宏观层面上通过对多模态语篇进行系统分析、解释社会文化现象并解决社会问题。人们将多模态话语分析理论应用于公共传媒领域，分析了多模态交际与社会文化等之间的关系。另外，多模态话语分析理论还被用于广告和教学领域，尤其在教学方面取得了长足的进步。

2. 初中英语阅读多模态教学模式的运用

英语学科教学除了要让学生听得懂英语知识之外，还要保证学生可以说的出英语，这样，学生才能开展英语交际活动。所以，英语教师普遍倾向于使用多模态教学方式。多模态教学方式以多模态话语分析理论为建构基础，为英语教学活动的开展提供了新的选择。使用多模态教学方法的情况下，学生可以获得更丰富的感官体验，更容易将英语知识和现实生活联系起来，而且，师生之间的交流互动频率更高，教学更容易使用合作探究模式。步入信息化时代之后，教师可以使用信息技术为学生展示视频音频或者图片的内容，生动化处理教学知识，吸引学生的关注，加深学生对知识的记忆，刺激学生形成学习热情。综合来看，多模态教学方法在英语阅读教学当中的应用有助于培养学生形成英语阅读学习兴趣，进而有助于学生阅读能力的整体提升。

①课前准备阶段。使用多模态教学方式的过程中，英语教师需要提前做好课前准备工作，需要按照教学资料当中的内容确定教学的重点和难点，设计教学当中要提出的问题，然后，将多模态教学方式融入实际教学过程中。例如，教师可以将与阅读有关的背景资料加入阅读教学过程中，激发学生的阅读学习兴趣。例如，教师可以制作导学案，提前梳理出教学重点知识、难点知识。这样，学生对重难点有了一定的了解之后，在学习知识的过程中就可以更加关注重点知识。这有助于学生对知识的吸收与理解，也能够整体提高课堂教学效率。

例如，在学习"What are you doing when the UFO arrived?"时，教师可以选择先向学生展示与 UFO 有关的图片，让学生了解 UFO，吸引学生的兴趣，然后提出与 UFO 有关的问题。例如，教师可以提问"如果真的看见了 UFO 应该怎么办？应该如何应对？"可以要求学生给出自己的回答。这样，可以让学生有效参与到学习过程中。在问题的指引下，学生的预习效果有效提升，而且学生会形成良好的学习习惯。除此之外，在课堂导入过程中，教师也可以为学生提供视觉和听觉方面的刺激，如教师可以加入电影主题曲或者电影片段，让学生感受电影当中的 UFO，然后顺势引入新课内容，开展学习活动。

②提高自主学习能力。想让学生主动探究问题，需要先让学生发现问题，并

且形成质疑。所以，教学应该格外关注学生自主学习能力的培养。学生自主阅读英语文章的过程中，不应该只对文本内容有初级了解，而是应该深层次地阅读。举例来说，学生在阅读英语文章时，应该分析语言表达方式，应该借助语言表达方式判断人物性格，学生应该主动思考有一些看似没有意义的语段出现的真正作用。学生可以将自主阅读过程中遇到的困惑整理出来，以提问的方式请求教师的解答。

③加强学生之间的交流合作。英语学习离不开交流，教师应该积极使用合作探究模式引导学生进行更多的英语交流。英语教师可以设置学生互动环节为学生的合作学习提供途径与机会。当教师提出问题时，不同的学生对问题形成的见解不同，学生提出的多种见解可以引起他人的思考和共鸣。除此之外，一些文章当中的语句包含的含义比较丰富，有些学生可能没有办法充分理解。在这样的情况下，教师可以使用合作探究模式将学生分成不同的小组，让多个同学共同讨论文章语句的含义。在讨论的过程中，学生既可以使用英语交流，也能够消化知识，理解文章含义。可以说，这既锻炼了学生的口语表达能力，又完成了文章的阅读分析，提高了学生的文章理解能力。

④课后阅读拓展环节。在课后开展阅读活动有助于学生复习巩固知识点，也能够拓宽学生的阅读视野，让学生了解更多的知识。课后时间应该被教师和学生有效利用，但课后时间的利用英语课堂不同。例如，教师可以在课后学习过程中通过玩游戏、演讲比赛、剧情演绎等方式重现文章当中的情节，让学生以全新的方式重新感受英语知识，加强学生对知识的理解与记忆。除此之外，教师也可以设置英语学习任务，比如说要求学生摘抄经典例句、背诵生词、自主选择阅读课外文章等。课后阅读是非常重要的丰富词汇量、巩固知识、拓宽阅读视野的方式，教师应该合理设置课后阅读任务，安排阅读活动，在帮助学生巩固知识的同时学习新知识、运用新知识。

第三节　初中英语的口语与写作教学

一、初中英语的口语教学

（一）初中口语教学的特点

1. 口语教学内容的特点

初中英语口语教学涉及的内容种类繁多。教师既要指导学生掌握口语交际技巧，又要从教学内容和课程安排等多个角度出发，确保学生积极参与课外丰富的口语交际活动。所以，初中英语口语教学具有广泛性特征。教师可以有针对性地组织并布置各类拓展任务，科学训练学生的听、说、读、写、译等各项技能，有效整合学生的口语学习经验，指导学生针对不同的训练目标和话题。采用朗诵、辩论、表演、配音、口语即兴表达等多种方式，借助难度梯度不同的教学内容，强化学生的口语基本功，将课程内容构建成灵活多元、充满知识性和趣味性的教学体系。

2. 口语教学评估的特点

在英语口语课程教学过程中，教学评估是一项非常关键的工作。客观、全面、科学、准确的评估体系，是实现教学目标的关键。教学评估不仅可以作为教师获得教学反馈信息、改进教学管理方式、保证教学质量的重要抓手，还可以作为学生调整学习策略、改进学习方法、提高学习效率、取得优异学习成果的有效途径。教学评估可以划分为两类：一类是形成式评估，另一类是总结式评估。不管采取何种方式，英语口语考试主要考察的是考生运用英语知识进行口语交际的能力。英语口头语言的学习以语音为主，学生掌握了语音和语调的发音规则，才能更好地进行口头交流。因此，在初中英语口语教学课堂上，教师应该更注重语音教学的精确性，而非过度追求连读的流畅程度。学生只有掌握英语口语的发音规律，才能真正掌握英语学习的正确方法。

（二）初中口语教学的方法

1. 构建英语学习环境

构建校园英语学习环境和开展丰富多彩的第二课堂活动，为学生创设良好的英语学习条件和英语口语实践机会，有利于培养学生良好的口语表达能力。一般而言，构建英语学习环境我们可以通过建立英语角、举行英语节目会演和举办英语竞赛来增加学生锻炼口语的机会，提高教师素质；充分利用多媒体进行口语教学，增加课堂的趣味性并增强学生的自信心。

2. 设计口语课堂教学

语言的输入量决定了语言学习的效果。在掌握英语技能的过程中，投入与产出紧密相连，没有一定数量的前期投入，就没有理想的成果产出。也就是说，学生流畅的口语表达，必须以掌握英语口语交际知识为前提和基础。因此，在初中英语口语教学课堂上，教师要注重对学生进行细致的语言训练，激发学生学习英语口语知识的热情，增强学生的语言表达能力。在开展课堂教学时，教师要注意不同时期学生口语学习的特点，强化各个教学阶段之间的关联性。在开展英语口语课程教学时，教师要确保教学内容层次分明、脉络清晰、环环相扣，这样可以促使学生在学习过程中掌握更多的知识，从而激发学生学习英语口语知识的浓厚兴趣，并引导学生主动参与课堂教学活动，增强学生的英语口语表达能力。在初中英语口语教学活动中，教师应采取灵活有效的教学方法，借助情景对话、提问、角色扮演、小组讨论、口头复述等方式，提高学生的英语口语表达水平。

3. 建立学生的自信心

在教学过程中，教师要营造和谐、愉悦的学习氛围，帮助学生克服学习过程中遇到的各种心理障碍，鼓励学生在自然的学习过程中重建信心。教师应该引导学生自信表达，不必在语法知识方面斤斤计较，而是积极主动地勤说多练，在交谈中树立起自信，并培养自身学习英语知识的浓厚兴趣。

4. 充分利用多媒体教学

运用现代多媒体教育技术，在设计口语练习时将视、听、说融为一体，有助于教师与学生在课堂交往活动中进入理想的交互模式。在多媒体技术的助力下进行口语教学，教师可以使用生动、直接的形象和图像，将英语蕴含的文化背景和人文知识呈现在学生面前，为学生提供了摆脱母语思维模式束缚的语言学习环境，能够促使学生充分调动自身运用语言信息进行口语交际的积极性，这与传统的教学模式存在极大的差异。多媒体英语课堂运用情景对话、小组讨论等多种形式，实现了语言与交际的紧密结合，是"以情景为中心"的课堂教学理念与英语教学目标一致的基本体现。

5. 加强学生基本功训练

学生的英语口语交际水平受词汇、语法和语音等方面的影响极为显著。初中英语口语教学是提升学生口语交际能力的重要抓手，探讨初中英语口语教学的有效策略，制定行之有效的教学方法，对于增强学生的口语交际兴趣，培养学生的语感，帮助学生熟练掌握语言基础知识、技能，进而促使学生提高英语口语知识的实际应用水平，具有十分重要的现实意义。在开展英语口语教学活动的过程中，教师要强化训练学生的口语基本功，培养学生正确使用语音和语调的习惯，引导学生科学记忆词汇，为提高学生的口语表达能力奠定坚实的基础。总体来说，要实现口语交际目标，必须对学生进行大量的语言"输入"训练，帮助学生不断地累积所学的语言知识。

6. 了解不同文化的差异

语言蕴含着丰厚的人文情怀。语言与文化之间存在着千丝万缕的联系。文化上的差异通常体现在人们的言语行为和交往活动中，而人们对这些文化差异、文化规范和交往规则的认识，会对交流效果产生直接影响。通过对不同民族的文化差异进行分析，增进民族间的交往与互动，可以为英语教学营造有利的外部环境，使人文风情更好地融入英语口语教学活动中。按照课程要求，教师需要在讲解英语口语知识的同时，向学生介绍各国的历史、地理、风土人情、传统习俗、生活方式、文学艺术、行为规范、价值观念等语言学习的文化背景知识。

语言学习需要特定的环境。在中学创造理想的语言学习环境，既要在校园内形成浓厚的英语文化氛围，又要在不知不觉中强化英语文化认知，还要积极开展富有文化特色的丰富多彩的课堂教学活动，增强学生的文化底蕴，激发学生的学习热情，并鼓励学生积极使用英语口语交流技巧，提高自身的英语口语交际水平。

二、初中英语的写作教学

（一）初中英语写作教学的注意事项

1. 注重培养学生写作兴趣

在教学实践中，教师探讨英语写作教学方法，有助于培养学生的写作兴趣。英语写作话题内容相对单一，在教学初期培养学生的写作兴趣，是教师备课取得预期效果的关键环节。教师在讲课前花费时间与精力，根据学生的心理特点与年龄特征，对学生进行开放式的作文教学和写作培训，有助于学生取得理想的写作成绩，从而促使不同水平的学生都能对英语写作产生浓厚的兴趣。

2. 注重不同阶段的侧重点

注重每个阶段不同的侧重点，精心设计英语写作教学。分析以往的教学案例可以发现，学生并未形成基本的写作规范，随意写作的习惯对于学生的未来发展容易造成不良影响。因此，在写作学习初期，教师必须重点指导学生养成规范写作的意识。在英语写作教学过程中，教师需要督促学生正确、端正、熟练地书写字母、单词和句子，要特别注意大小写和标点符号，词间隔要保持恒定，行距要适度，在每段的开头应该留有四个字母占据的空间。此外，教师还要详细讲解不同文体的写作风格与格式特征，指导学生规范书面语言的使用方法，鼓励学生养成好的书写习惯。

初中英语作文教学的主要目的在于训练学生进行组词造句形成段落的能力。

在写作课堂上，教师可以时常有意识地鼓励学生在阅读中总结出描述各种人或物时使用的词汇，然后将这些词汇写在黑板上，并引导学生尽量多地使用这些词汇造句。当学生已经完全学会了基本句型，能够准确写出简单句时，教师可以根据学生的组词造句结果，要求学生将句子组成段落，进行文章写作训练。

为了培养学生的英语写作能力，初中英语写作教学必须将话语分析融入文本之中。这种自上而下的教学方式，由整体到局部，由句子到段落，有助于学生发现段落之间的关系，寻找到核心句子和关键的信息点。

初中英语课堂教学要求学生能够自觉拟写课文提纲并完成书写训练，从课文中准确选取出关键字，并围绕指定话题，将词语连成句子形成前后连贯的篇章，可以极大地促进学生英语写作能力的提高。

此外，教师还要引导学生在审题时，要全面、准确地把握题目中提供的内容，并对内容进行分析和整理，明确话题，列举重点，不能有任何的疏漏。学生还要留意写作要求中的人称、时间、地点、人物等信息，切勿仓促落笔，以免出现错误。学生只有明确标题的具体内容，才能针对不同的主题，采用不同的写作形式。在写作教学过程中，教师要鼓励学生尽量选择熟悉的词汇，并尽可能地使用相对简单的句子。当部分词语无法用英语表述时，可以选择同义词代替，在灵活运用词汇的过程中，做到化繁为简。

教师在讲授初中英语写作知识的过程中，可以要求学生认真阅读范文，尽量使用简单的词汇表述范文的主旨大意。在教师强调写作重点的教学环节，学生在理解文章内容过程中提出的合理观点，教师应该予以肯定。初中学生已经基本具备英语表达能力，这要求教师在教学过程中要注意措辞和言语的规范表达。

此外，在写作教学过程中，教师要引导学生注意时态、语态以及不同句型之间的转换关系，确保作文内容得体、表达流畅。叙事文体通常描述已经发生的事情，写作时应该选择"过去时态"。与此同时，通过写作告知尚未发生的事情，则要选择"将来时态"。写作阐述现实情况的文章，通常选择"现在时态"完成文章内容的写作任务。

3. 注重写作训练的多样化

只有把"写作任务"作为英语作文课的重要组成部分，才能有效地促进学生英语写作水平的提升。为此，教师应该将写作内容融入课堂教学活动中。比如，对于篇幅较长的英语听力资料，教师可以要求学生将缺失内容结合语境填补上，通过写作锻炼构思能力，也可以要求学生使用通俗的语言复述听力内容，并在改编文章的过程中，注意选择正确的写作时态。

学生在写作训练中要注意语态、人称、前后文之间的逻辑性，要善于运用新的词汇和句式完成写作任务。在英语写作课堂上，借助阅读英语范文培养写作能力，不失为行之有效的途径。学生可以在阅读过程中有效扩展词汇量，拓宽知识范围，提高语感水平，进而掌握丰富的词汇运用技巧，然后以这些信息为基础，进行句子的扩写、仿写、续写、改写及缩写。此种方式不仅可以训练学生的文章组织和表达思维，而且可以增强学生的语言表达能力，从而快速地提升学生的英语写作水平。

4. 注重学生作文批改方法

批改与评阅作文是英语写作教学必不可少的环节。在批改学生的作文时，教师应该细心认真，分类汇总学生易犯的错误，剖析学生的失误原因，并适时有针对性地点评。对于写作能力较差的学生，教师可以采取"当面批改"的方式。除此之外，对于学生常犯的错误，教师可以要求学生以单句改错的方式，重新完成写作任务，促使学生对写作技巧形成更加深刻的认识，从而避免再次出现类似失误。对于有代表性的错误，教师可以将学生的写作内容直接投影到屏幕上，与学生共同发现问题并现场解决问题。

教师要时常激励并引导学生通读作品，修正文章中存在的时态问题、主谓不一致问题、格式问题、拼写和标点符号问题，最后对学生的作品把关与修订。这样不仅可以减轻教师评阅与修改作文的工作量，还可以帮助学生更好地提升作文质量。

在初中英语写作教学过程中，教师应该坚持循序渐进的方针，合理设置教学层级与进步阶梯，从易到难逐步推进，以期取得理想的教学成效。与未经过专业写作训练的学生相比，参加写作指导的学生，无论是在写作习惯方面，还是在作文技巧方面，都实现了写作技能的显著提升。所以，如果在日常生活中，教师能够重点指导学生的写作思路，详细讲解英语写作的有效策略，那么对于培养并提升学生的英语写作水平，无疑具有十分重要的促进作用。

5. 注重积累单词、词组及固定短语

单词、词组和固定短语是英语写作的基础，重视这些内容的累积对于写好英语作文来说尤其关键。当学生对单词拼写不够重视时，写作时，通常容易产生"提笔忘字"的现象，使得作文中的词汇错误百出，乱用词组导致文章变得更加晦涩难懂。为了防止发生这种情况，教师可以在课堂教学环节鼓励学生勤加练习常用的词组和典型的句子。此外，学生还可以在每次上课的前3~5分钟，通过游戏的方式进行单词、词组、固定短语的滚动练习和回顾，运用不同类型的句子

完成英语写作训练。

在英语写作训练中，学生要想写好英语作文，就必须多看书、多练习。在日常教学过程中，教师可以指导学生阅读一段简单的小故事或者轻松幽默的笑话，促使学生在轻松愉悦的氛围中，认识并学会好词佳句，通过阅读开阔眼界，增加知识储备，充实情感、锻炼思维。只有这样，学生在写作时才能做到"有话可说"。

（二）初中英语写作教学的训练策略

在教学中，教师应重视对学生写作能力的训练，具体策略包括以下内容：

1. 合作教学法运用于写作教学

①在写作教学中运用合作教学法的重要性。由于初中英语教师在写作教学中通常只提出一些特定的主题和内容，导致学生对写作知识的学习积极性不高，缺乏学习写作知识的热情。而合作教学法的运用，能够从根本上解决学生在写作教学中存在的问题，可以为学生的写作学习营造轻松、愉悦的写作氛围。在团队协作、头脑风暴的助力下，学生不再需要为写作发愁，从而可以慢慢地对写作产生浓厚的兴趣。运用合作教学法有助于学生在写作主题的探讨上展开联系和探讨，从而可以得到更多与主题相关的资讯，并从其中挑选出最有价值的资讯，最终决定整篇文章的架构和内容。这就完全克服了以往在写作过程中，学生遇到的不知如何下手、逻辑混乱、表达不清等问题。此外，合作教学还可以防止英语写作中出现文法错误。学生在交流过程中，可以及时指出对方文章中存在的文法误用现象并及时加以改正。

另外，英语的听、说、读是英语写作的基础。做好这三个方面的培训，英语作文的质量一定会有明显的提高。例如，热爱读书学生，通过阅读可以积累相关的写作知识，这些知识可以在写作时发挥很大的作用，从而能有效地提升学生的写作水平。合作教学法还可以为学生营造理想的协作环境，鼓励学生通过小组协作强化写作技能。

②将合作教学法运用于初中英语写作课，有利于培养学生的团队协作精神。例如，教师可以将范文发给合作小组，由组内成员共同探讨范文在句子结构、逻辑、语言等方面的问题，并通过小组协作的方式进行范文仿写练习。

对英汉两种语体的创作风格进行对比可以发现：汉语的创作偏重于大场面的环境描写，注重题材渲染，情景交融；英语文章一般都是直接切入题目，注重文章的细节与内容的充实。在小组协作中，学生可以分析讨论各种不同文体的写作特征，从而认识并掌握不同的作文类型。教师可以根据学生的分析与讨论结果，提出重点、常用的写作技巧，指导学生养成良好的写作习惯。

2. 阅读教学法运用于写作教学

①在写作教学中运用阅读教学法的重要性。"阅读教学法"指的是将阅读与写作有效地整合在一起，指导学生通过阅读，掌握语言词汇、语法知识、文章结构、写作风格等方面的内容，并将这些内容运用到写作训练中。读写结合是指阅读与写作相互融合、互相影响、互相促进，从而达到充实文章内容的效果。阅读量越大，学生从阅读中获得的知识越多，写作将连贯流畅、灵活自如。在阅读中，教师要经常指导学生拓展读物范围，这样才能增强学生阅读行为的针对性。

②采用"读写结合"法开展英语写作教学活动，有助于培养学生的阅读习惯和写作思维。在初中英语课堂上，培养学生的阅读行为是开展"读写结合"教学活动的先决条件。学生的兴趣和爱好各异，在教学过程中，教师应该针对学生的特征，设计有针对性的教学策略，以指导学生的学习行为。"读写"是指在英语课堂上，通过多种方式提高学生的英语学习能力。英语与汉语分属两类不同的语种，二者在语音规则以及写作表达方式上存在着极大的差别。在教学过程中，教师指导学生认识并掌握英语与其他语言之间的不同之处，能够促使学生形成英语写作思维，从而切实提高学生的英语写作水平。

第三章　初中英语课堂有效教学构建

第一节　初中英语课堂的有效教学目标

在初中英语课堂中，其有效教学目标的设计需要注意以下三个方面。

一、以学生为中心进行全人教育

以人本主义心理学家罗杰斯的"有意义接受学习"理论为依据，教师在设计课堂教学目标时要始终做到以学生为中心，并促进学生形成健全的人格，主要包括以下三个方面的内容：

①要把学生视为课堂教学活动的主体，高度重视学生的需要、动机、兴趣、经验等。

②将设计出的教学目标以暗示或明示的方式让学生了解，并使学生认为通过学习有助于达到这一目标。这样有意义学习就会发生，学习的效率就得到提高。

③为了促进健全人格的形成，教学目标的设计要涉及健全人格的发展，既要包括发展理智所需要的知识和技能，也要包括培养学生情感智慧所需的方法和途径等，尤其强调对情感、态度、价值观的培养。总而言之，课堂教学目标的设计应该涉及精神意义的层面上，挖掘出知识中所蕴含的教育价值。

二、以学生已有知识经验为基础

美国认知教育心理学家奥苏伯尔的"有意义接受学习"理论强调的一个观点是有意义学习的过程即新旧知识相互作用的过程。对学习新知识影响最大的因素是学习者已经知道的内容。这一理论对课堂教学目标设计的启示在于教师在设计教学目标前，一定要通过各种途径考查并了解学生"已经知道了什么"，包括学生原有的认知水平、知识经验（尤其关注与学生将要学习的内容相关的知识经验）、学习潜能、学习需求等因素，这些决定着教学的起点，是课堂教学目标设计时首先要考虑的因素。

三、协助学生构建学科知识体系

美国教育心理学家布鲁纳的结构主义教学理论要求教师在设计课堂教学目标时有意识地帮助学生构建学科知识的体系，具体包括以下两个方面：

①学生要学习和掌握学科的基本结构，就需要掌握该学科知识的基本概念、基本原理等学科结构最基本的要素。因此，在设计课堂教学目标时，教师就要把掌握基础知识和基本技能作为首要和重点的目标。

②教师应随着学生知识的增长、认知水平的提高，不断拓展和加深学科的基本结构，即在教学目标设计时，教师要有清晰的学科逻辑结构，注意知识点之间的内在联系以及某个知识点在整个学科结构中的位置，以学科知识体系为中心，有计划地安排教学目标的内容，合理地设计教学目标的顺序，使学科知识体系在学生的头脑中逐步成形，便于学生更好、更快、更深刻地掌握学习内容。

第二节　初中英语课堂的有效教学模式

传统初中英语教学模式中，教师往往会采用较为单一的授课方式向学生讲述英语知识点。而在这种教学模式当中，学生并不能够较好地激发英语学习兴趣，也不能够较好地对英语知识点进行记忆，这对提高学生的英语学习效果是较为不利的。为了能够较为有效地改变单一教学方式导致的英语教学现状，教师可以对自己的教学方式进行创新，从而帮助学生在多样化的教学模式中更为全面地感受英语学习带来的乐趣。

一、初中英语课堂的微课教学模式

微课，就是微型课程。相比于正常的教学课程，微课的时间较短，内容也较为简单。微课，又可以称为"微型视频网络课程"，主要是指网络视频平台上的视频课程，它的形式较为短小，内容主要是一些比较零碎的知识点，教学内容比较明确。尽管它的形式比较短小，但是其课程设计仍然是按照严格的教学目标来制订的，包含有微教案、微课件、微练习等一系列教学资源。微课中的这些教学视频资源众多，包含了教学的各个部分，能够系统化地提升教学效果。

总而言之，微课是课堂教学外的一种辅助教学资源，是对课堂教学知识地有效补充。学生观看微课，可以有针对性地补充某个知识点，满足了学生的学习需求。微课的学习资源拥有多种形式，包含声音资源、视频资源和评价资源，满足了学生的学习兴趣。

（一）微课教学的特征

在当下教学中，微课十分受到人们的欢迎，不仅仅因为它的趣味性，还有很多其他的因素，它受欢迎的这些因素主要包含以下六个方面。

①由于微课十分短，因此十分受到人们的欢迎。针对它"短"的特点，这既是微课"短"的优点，又有缺点，优点是学生可以节约时间，缺点是由于学习内容过于简单，容易忽略一些重要的知识点。

②因为它比较"精简"。这与前面所说的"短"有类似之处，通过科学的教学设计之后，相比于普通教学课程，微课的内容与结构十分精简，它选取了一些重要内容知识点，然后学生们通过科学合理地利用微课就可以达到学习的效果。

③由于微课是视频课程，它的教学时间十分灵活，学生能够随时随地在微课上进行学习。当前，学生的学习时间越来越紧迫，微课可以满足学生们闲暇时间的学习，从而与课堂学习形成互补，提高学生们的学习效率。

④微课的趣味性很强，同时具有一定的创新性。由于微课的制作方式较为简单，每个人都可以研发课程并上传分享，每个人都是课程的研发者。这样的课程相比于千篇一律的老师的课堂教学更容易引发学生的兴趣。

⑤微课课程的传播方式更加多样化。由于微课的内容较精简且现在网络越来越便捷，微课课程的传播性很强。

⑥相对于普通课程，微课课程的主题更加明确，内容也更加具有针对性。学生可以有针对性地学习自己不理解的知识点，学生获得的反馈也会更加精准。

（二）初中英语课堂应用微课教学模式的优势

1. 利于课前创设情境

在英语教学之前，英语教师先要根据教学内容选取一些适当的微课视频进行播放，这样做的目的主要有两个，一是在上课之前营造一种良好的学习氛围，吸引学生的学习兴趣，提高其积极性；二是帮助学生对即将要学习的内容进行预习，提前使学生知晓当前课程的重难点。例如，在讲解英语语言国家文化相关内容之前，教师播放一些有关文化背景的微课，让学生提前了解一些国家的文化习俗，对接下来的课程进行预热，提高学生的积极性，从而引入接下来的课程。而且，在微课中，学生还可以提前认识本节课的单词并记忆。在创设情境的过程中，微课是引导者，它不仅激发了学生对于学习的兴趣，还成功引入了接下来的教学课程。另外，教师一定要选取与教学内容有关联的微课课程进行播放。

2. 利于课上学习巩固

教师在教学课堂上使用微课，可以形成对课堂教学的辅助作用。一方面，微课能够引起学生的兴趣，提高学生的积极性，使得课堂变得活跃起来；另一方面，学生能够通过微课进行学习，突破了之前课堂上仅仅有多媒体设备进行教学的局限。

3. 利于课后复习总结

微课视频还可以用于课后的复习总结。当学生完成课堂的课程之后，有了一定的学习基础，可以根据自身情况制订一个学习计划，对于自己尚不清晰的知识点进行查漏补缺，反复巩固吸收。同时，微课要符合复习课的自主性和针对性原则，通过自我监督、自我强化等实现学习目标，梳理知识结构，更加深入、系统化地学习。微课视频能够充分调动学生的积极性，满足学生的需求。对于教师而言，微课视频也减轻了教师的教学压力，给予教师一些其他的收获，促进教师专业能力的发展。

4. 利于其他拓展补充

微课为学生提供了一个广阔的发展平台，在微课上，学生不仅能够获得课堂与书本上的知识，还能够获得很多在教师讲授范围之外的内容，开阔了他们的眼界，增长了他们的见识。例如，在微课平台上，学生可以体验到很多与东方文明截然不同的西方文化。在新课标中提到，教师不应仅仅向学生传授知识，还要培养学生的语言交流运用能力以及分析和解决问题的能力。因此，教师要不断拓展学生的知识层面，向学生提供多种多样的课程资源，加强学生对于国际上其他国家文化的了解。

例如，我国的英语教材中适当性地、选择性地加入了一些英语国家的文化背景知识，这增强了学生对于西方文化的了解，同时也增强民族荣誉感。在选择英语教学材料时，教师一定要遵循文化原则，选择最具有代表性的英语教学材料，不断培养学生的跨文化意识。

二、初中英语课堂的任务型教学模式

任务型教学法，是一种具有重要影响的语言教学方法，也被称为任务型语言教学法，是交际教学法的一种发展形态。关于任务型教学法的概念有很多，目前国内外比较公认的一种是指以完成任务为动力将知识技能融合在一起的一种教学方式。学生以任务为导向目标，在任务过程中不断地学习知识并运用，最终完成任务，不断发展完善自己。

任务型教学法以任务为载体，使学生集中精力，督促着他们不断在实践中深入理解和运用知识，将学习到的知识理念运用到实践中去，在做中学，在学中做。总而言之，任务教学法是一种操作性很强的教学法，其重点是"做"。它以具体的任务为学习动机，在完成任务的过程中督促学生学习，最终展示任务成果来体现教学成就，教师可以根据课程教学内容设计各种学习任务，让学生进行体验学习。

（一）任务型教学模式的特征

在任务型教学法中，它以任务为学习动机，根据课程教学的内容以及学生的不同水平，设置不同的任务，始终以学生为中心，注重发展学生的综合语言运用能力。学生在完成任务的过程中，能够加深对所学知识的理解与运用，通过与他人合作培养合作精神，不断反思自省，锻炼自己思考问题和解决问题的能力。同时学生还能够增强自己的学习积极性，强化参与意识，在完成任务的过程中激励自己不断进步。关于任务教学法的特征，主要表现在以下四个方面：

①任务型教学重视语言的综合运用。在任务型教学过程中，它不仅强调教学，还十分重视对于语言的综合运用。学生通过完成真实生活任务来参与学习过程，深入理解语法与语言知识，提高语言的流利度，增强对于语言的综合运用能力。

②提倡开放的、参与性的学习方式。在任务型教学过程中，由于学生在完成任务过程中不断追寻答案，增强了学生的参与性和积极性。同时，在教师参与任务教学过程中，他们将自己所学知识不断融入，学生也可以了解更多的知识。

③教师角色的转变。在任务型教学过程中，教师的角色也发生了转变，由之前的学习的计划者与组织者变成了学生的指导者、协作者。教师应该要调整好自己的心态，将新旧知识整合在一起，形成一个比较系统化的知识体系，帮助学生获取知识。

④评价方式与内容的灵活性。在任务型教学过程中，教师已经不再是学生学习状况的唯一评价者，学生本身也已经参与进来，进行自评或互评。这样的评价方式使得评价主体更加多样化，评价的结果也更加可信。此时，教师与学生有一个共同的学习目标，教师通过各种任务的布置，不仅仅考查学生的各种语言知识的记忆，还考查学生的实际运用语言的能力。

（二）初中英语课堂应用任务型教学模式的步骤

任务型教学法强调为学生学习语言创造一个真实的语言学习环境，以培养学生的综合语言运用能力为目标，鼓励学生运用目标语进行真实的交流。虽然这种新型的教学法也是从先前的教学法发展演变而来，但与以往的教学法相比却更具有现实意义。它不仅要求教师熟悉相关的理论基础，而且要从心理上转变角色。它既要有较为扎实的基础知识，又要有灵活的教学策略、教学技能。任务型教学模式在初中英语阅读和听力教学中得到了广泛的应用。对此，教师要多布置相关的任务，使学生在完成任务的同时学到相关的知识。在初中英语教学中运用任务型教学模式的基本步骤具体如下：

1. 任务型教学模式的准备阶段

准备阶段的准备首先由教师发起。结合即将学习的内容，教师要提前备课，并向学生安排准备一系列"小任务"。这些课前任务的设置要具有真实性和实用性，难易程度要适中、具有可操作性，任务设置要体现趣味性，还需要考虑课前任务的阶梯性、连贯性。

2. 任务型教学模式的展示阶段

任务型教学模式要求学生必须在主动参与中不断提升、评估自身的学习。这种参与方式主要包括体验、互动、交流、合作等，学生要将自己的经历以及认知带到语言学习中来，实现"在用中学"。在展示阶段，学生发挥主体作用，要将之前准备的任务在课堂上进行全面展示。在这一阶段，教师要合理利用课堂时间，先要将本单元基本知识点进行讲解，并要求学生一边听讲解一边修订准备的任务。此时间段讲解及修改，占用课堂时间不超过五分之一，在剩余时间，教师组织学生对之前准备的任务进行展示，一组展示时其他各组学生要认真听并做好笔记。在此阶段，教师以鼓励为主，一般情况下不对学生展示情况做出评判。因课堂时间有限，所有学生无法在一堂课上全部展示，在尽量尊重教学大纲规定课时的基础上，适当利用自习时间或其他课时，但不宜占用过多。展示结束后，各小组准备材料以课后作业形式上交任课教师。

3. 任务型教学模式的评估阶段

评估阶段可分为学生自评和教师评估两个方面。教师在肯定学生努力学习和进步的同时，应通过各种隐形纠错方法实现纠错目的。教师应在评估中努力实现科学性和艺术性的统一。科学性在于对学生学习中出现的漏洞和错误要理性看待、认真分析，寻找错误原因，以达到全面掌握知识点的目标。艺术性在于避免学生出现错误知识的"石化"现象，见错就纠，甚至为达到纠错目的而打断学生回答问题。教师要及时公布评估结果，最理想的状态是组织学生一起分析存在问题的原因，带领学生一起总结经验，深入掌握学习方法和所学知识点。

第三节　初中英语课堂的有效教学管理

课堂管理即是围绕课堂这一高效的学习环境来组织与操作学习。从本质上看，课堂管理包括：师生关系、班级内部气氛、教学时间安排及内容选择、教学方式方法等。良好的师生关系对于提高课堂教学效率至关重要。另外还包括对课堂秩序、物理环境、学生问题及学生责任感等方面的管理。课堂管理也可以说是教师通过一定的手段和方法，运用各种协调媒介来协调教师与学生之间的关系，使之形成一个良好的教室环境，从而达到共同目标的活动。

英语课堂管理贯穿于整个英语教学中，它不仅影响着英语教学的效果和质量，而且对整个英语教学过程起着重要作用。有效地开展英语课堂管理活动是每个英语教师都必须面对和解决的问题，它直接影响着英语课堂的效率与质量，也关系到能否实现英语教学目标。

一般而言，英语课堂的有效教学管理主要包括：教学活动中的课堂目标与策略、教学过程中的主体与客体管理、课堂评价及互评。英语课堂有效教学管理活动可分为：课堂教学前准备阶段，即制定教学任务；课堂教学实施阶段，即检查教学效果；课后总结评估阶段。

一、初中英语课堂有效教学管理的问题

（一）初中英语课堂有效教学管理问题的表现

1. 课堂目标管理缺乏差异性

目前招生体制不断改革，生源越来越多样化，学生个体之间存在着很大差

异。并非每个学生都能够满足老师在知识，能力和情感等方面的目标要求。因此在教学过程中，教师要特别重视对个性生的转化工作。在课堂教学中，教师应充分挖掘个性生潜在的积极性和创造性，采取多种有效措施帮助他们尽快实现由后进到先进的转变。教师应根据学生的实际情况和特点，有针对性地选择教学内容，帮助他们明确学习要求和学习目标，从而使学习成绩优秀者有所进步，而成绩后进者则主动超越自我、追赶同学。

2. 课堂纪律管理缺乏灵活性

课堂纪律处于班级管理的中心地位，课堂纪律管理对于课堂教学管理来说显得格外重要，它直接影响着学生学习和生活的质量，关系到能否构建高效的有效课堂。因为英语学科具有交际性和实践性等特点，所以英语课堂纪律很容易产生表面上全员参与，其实是课堂乱象的结果，这样是达不到教学目的。初一学生因生源差异大、个体差异大，较易产生课堂纪律涣散、同学注意力涣散等问题。因此，如何管理初中英语课堂纪律成为一个值得研究和探讨的课题。初中英语课堂上存在的问题有部分教师对待课堂纪律态度不够严肃、课堂秩序缺乏一定的规范性等。教师一旦不能妥善处理好这几个问题，便会造成双方关系的紧张，正常课堂教学活动就无法顺利开展，甚至会造成课堂的失控。

3. 课堂评价管理缺乏多样性

小学阶段评价方式多以形成性评价为主要特征，且评价主体多元化。而初中阶段多以终结性评价为主要形式，且评价主体简单。随着年级升高，学生在学习方面会出现一些问题，如不认真听讲、作业马虎、考试作弊等，这就需要我们进行分层教学，将不同层次的学生分配到相应的班级中去。初一阶段的评价以学生为中心，重视结果和过程，不存在统一的评价标准。与此同时，受升学压力和绩效考核的影响，教师在完成各项指标时，只关注学生的表现，忽略对每一个学生进行形成性评价和全方位评价，未能兼顾针对性过程评价。

4. 课堂教学主体定位不准确

传统英语教学是老师立于讲台讲授固定知识而学生端坐听讲。他们被老师提问又回答，却决不会反问老师问题。他们不认为自己是英语课堂的主人，上课不发表意见。因此，教师要注意培养学生参与课堂教学的兴趣，让他们意识到自己是课堂真正的主人。

初一学生刚刚由小学升上初中，活泼可爱，爱展示自我，对于玩、唱、演等形式更有兴趣。但基于应试考试的特点和要求，老师上课时大多讲授教学中的重难点，很少有趣味性强的教学形式，学生也就丧失了对英语课堂的兴趣。因此，如何激发和调动学生学习英语的积极性成为初中英语教学改革需要解决的首要问题之一。有效的管理则能够使这种矛盾得到很好的缓解。

(二) 初中英语课堂有效教学管理问题的分析

1. 课堂问题行为的类型划分

真正意义上的课堂教学管理应是指教师在课堂学习中进行有章可循的调控与运作，从而在促使学生有效学习与学习取向上取得成功。目前，我国英语课堂教学管理存在着冷漠型、放任型和权威型等不同类型。这三种类型中，以冷漠型居多，其他两种都比较少见，其主要原因：一是没有建立良好的师生关系；二是教师在教学过程中不能充分发挥自身作用。冷漠型表现为老师非常不在乎学生的表现，没有精心备课，教案更新不及时，从而导致课堂纪律松散，不能保证有效的学习；放任型表现为老师在学生表现上非常失控，缺乏自律与竞争意识；权威性表现为老师能够有效管理好课堂，老师不仅要约束与控制学生的表现，更要激发其自立、自信与竞争精神，但是在学习上实行"绝对领导"，而非"指导"。

2. 课堂问题行为的产生原因

（1）教师方面存在的问题。

①就课堂教学管理而言，师生关系表现为两种形式。一是以强制性手段，突出老师的权威，使同学们绝对顺从，其结果往往事与愿违，师生关系呈恶化之势。二是以朋友关系为纽带，老师与同学们和谐相处，和同学们建立信任之情，老师们在英语教学观念上有了一定的提高，但是课堂教学管理却仍没有探索出有效的规律。

在英语课堂上，教师应该在课堂教学中以提高学生的学习成绩为目的，开展跨文化教学，激发学生的英语兴趣，这些都有利于提高学生对学习语言的积极性和主动性。在教学方法上，教师可以采取以下措施：创设情景法、强化记忆教学法、注重语篇结构分析法。但是，实际的英语教学过程却存在着一些问题：传统的教学方式使教师在教学活动中过多地关注语法而忽略了对学生在英语交际中的运用能力的培养。

②在课堂教学管理上，应尊重学生个性。部分教师对课堂秩序缺乏有效的调控，导致课堂教学模式单一。这种教学模式严重压抑了学生的主体意识与创造性思维。教学设计脱离学生实际情况。由于传统教育观念的影响，部分教师把"以教师为中心"作为自己教学设计的指导思想。在课堂教学管理中，教师更多关注的是学生的行为控制，把学生当作一个"程序化问题"来处理。因此，在英语

课堂上，教师往往会让学生参与到英语教学活动中，如英语情境表演或游戏活动等。学生的学习要求、活动安排、标准答案、上课坐姿等都是由老师来决定的，这就给课堂教学管理带来很大难度。

初中学生虽然好奇心强，但是对现实问题的探究缺乏主动精神。这样的特点使学生无法自主地表达自己的观点，不能老师共同探讨教学过程中出现的新情况、新问题，从而影响学生个性化的形成。同时，由于教师缺乏统一化的课堂管理规范，加之受传统课堂教学管理的影响，导致课堂活动"统一化"现象严重。每一个学生作为相互独立的个体，都有不同的兴趣、爱好和个性，也有不同的智力水平和需求等，这就是他们个性的体现。因此，教师在课堂管理过程中，要注意激发学生的好奇心和想象力，培养他们的创造性。

③在英语课堂上，教师之间、学生之间、师生之间都存在着"尊严"问题：一是在处理初中学课堂教学中的冲突时，"点对面"式的处理方式居多；二是在处理突发事件时，大部分教师采用的是强硬手段，用强制方式解决问题。当一些突发事件发生时，教师总是以严厉的态度对待，导致师生间关系紧张，进而影响正常教学秩序。这种情况下，学生更容易产生抵触情绪。甚至做出反抗行为。特别是在课堂纪律整顿中，教师在课堂上经常使用一些诸如处罚、罚站、罚抄和训话等手段来教育学生，这样做不仅会伤害到学生的自尊，也会打击学生的自信心。因此，在英语课堂上，教师要根据实际情况开展有针对性的教学活动，营造良好的课堂气氛。

④在以上情况下，教师对学生的态度就会变得冷漠。教师对学生缺乏人文关怀。教学目标过于强调知识技能的掌握，忽视了情感态度与价值观的培养，再加上教学方法比较单一，不能满足不同层次学生发展的需要。在课堂教学评价中，对学生评价的"标准"还是看学习成绩，成绩优秀的学生常常会在课上得到老师的重视与表扬，较差的则会遭到更多的批评与责难。

（2）学生方面存在的问题。

课堂上的很多不规范现象，原因也包括学生本身。

①学生的生理因素。在学生课堂上出现违规行为时，生理上的阻碍是不容忽视的。在正常情况下，学生的学习活动都能顺利进行，但当他们出现了神经发育迟缓或神经功能障碍时，就会表现出注意力不集中、注意力分散等症状。心理学认为，儿童的脑功能轻微失调时，往往表现为注意力不集中，这一现象易造成学生注意力涣散，活泼易怒，任性妄为，且课堂上难以自控，易产生言语过多、情绪不稳定、注意力分散等诸多课堂违规行为。教师要根据不同年龄学生的心理特

点和生理需要来选择恰当的教育方法，使学生能更好地掌握知识、发展智力，从而提高课堂教学效果。另外，发育期紧张，疲劳和营养不良还可导致学生上课精神不振、精神恍惚和其他不规范现象。

②学生的心理因素。焦虑体现为害怕、不安等情绪表现，而学生产生焦虑情绪多是因为学习压力过大、人际交往关系不协调等原因造成。传统班级授课制是禁止同学们上课之间相互沟通，同学们虽然同处一室，但是其活动却彼此隔离。在英语课堂上，教师是唯一的施教者，与众多受教者之间缺乏必要的沟通和交流，导致了学生在课堂上"消费"现象严重，这种教学模式不利于培养全面发展的人才。在传统的教育思想影响下，学校教育重智育而轻德育，忽视了美育和体育等素质的培养，再加上陈旧的教育教学方法，致使学生课业负担过重。望子成龙心切的家长们把孩子送进各种补习班、特长班、训练班等，给孩子们造成了很大程度的学习压力，也给学生的童年带来一定的不良影响。另外，小部分教师无法平等对待学生，对学生缺少一视同仁的关怀，使得部分学业成绩差的学生无法与老师、同学进行平等畅通的沟通，继而出现挫败感、失落感等。

二、初中英语课堂有效教学管理的策略

（一）采用多样化的教学手段

运用实物能激发学生的学习兴趣。学生在观察或感受实物的过程中，与英语的接触会更加方便。例如，人教版第六单元的"Do you like bananas?"这节课的主要内容就是要同学们学会各种水果的英文交流。在这个环节里，教师先要让学生记住一些水果的名称，如苹果、梨、桃和杏等。如果学生能熟练地说出它们的名字，那么他们对所学内容就会有很大帮助。所以在教学中，老师可提前备好很多的水果，如苹果、梨子、桃子、杏等，并且设计一些小游戏让学生贴上水果的标签，这样的教学过程不仅能帮助学生记忆大量的英文单词，而且能激发学生学习兴趣。

因此，英语教师要善于利用多媒体教学，充分发挥多媒体教学在英语教学中的作用，这样既能激发学生学习兴趣，又能提高教学效果。利用幻灯片让学生对教学内容有一个直观的认识，凸显教学中的重难点，让学生沉浸在情境之中。

在教学过程中，教师还可设计一些简单的游戏，让学生在游戏中掌握单词、短语和句子的用法，体会词语接龙的乐趣。教师还可以创设各种情境，激发学生对英语情境的兴趣。例如，当学生在课堂上做英语会话练习时，教师可将他们分

成两组进行讨论。一组是讨论自己的生日；另一组则讨论别人的生日。教师可带着学生唱起生日快乐歌，再指导他们学会表达特定日期，以加深印象。

（二）注重有效把控分层目标

学生来源和智力发展水平不一，因而能力水平各异。因材施教就是要根据每个学生的特点和需要来制定分层目标，这样做既有利于促进每一个学生的全面发展，又能最大限度地提高课堂教学效率，为培养创新型人才奠定坚实的基础。注重差异化管理，让每个学生都得到充分发展。个性化教育是对学生主观能动性的培养，是根据学生的不同性格，有目的、有步骤地确立培养目标，设计教学内容，改进教学方法，使学生潜能得到最大限度地挖掘，充分发挥他们自主学习能动性。

1. 学生能力的分层

学生英语水平良莠不齐，原因是生源多样化。对于不同层次的学生而言，其英语综合应用能力也有差异。因此，在英语教学过程中应该因材施教。而分层教学法就是针对这种情况提出来的一种教学方法。在这种情况下，教师可先对学生展开调查，并依据调查结果把他们划分为 A（excellent）、B（just so so）和 C（come on）三个层次。当然，三个层次的学生也并非一成不变。B 级新生在听、说、读、写能力都达到了一定的标准时，便能过渡到 A 级。在这种情况下，教师要重视对学生自主学习能力以及良好学习习惯等方面的培养，促使 B 级新生过渡到 A 级新生，C 级新生过渡到 B 级新生，循序渐进，脚踏实地地完成教学任务。

2. 教学目标的分层

教师在不同阶段给学生分层的目的是不一样的。对于个性生而言，分层目标一般要低于他们的真实水平；对优等生而言，分层目标也许稍微高于其真实水平，给其足够的空间发挥个性、迸发内在小宇宙。以人教版第七册"When is your birthday?"一节内容为研究对象，探讨如何根据不同的教学要求和认知水平来确定课堂教学目标。以实例说明，教师可根据学生基础将教学目标划分为 A、B、C 三级。学习好的学生对应目标 A；学习一般的学生对应目标 B；学习较差的学生对应目标 C。

在课堂教学实践中，C 层要比 B 层更注重对学生基础知识的传授和能力的培养，而不是一味地通过编造对话来提高成绩；A 层主要是让学生学习英语这门语言的实际运用。通过对教材和学情的分析发现，C 层要比 B 层更有优势。教师应该根据不同层次的学生制定相应的学习计划。在因材施教的基础上，对不同水平的学生分别提出不同目标可以反映出教学的效果。

3. 课堂活动的分层

根据学生个体差异来设计分层课堂活动，可以调动学生学习英语的积极性，使其积极参与到课堂中，提高课堂效率，活跃课堂氛围。人教版 7 年级 "Do you like bananas?" 这节课是一个很好的例子。通过课前对该课进行学情分析和制订课堂教学计划，根据不同层次的学生采用不同方式实施教学活动。最后由教师评价教学效果。本节教学目标在于使学生掌握使用 like 来问对方是否喜欢某东西，如 "Do you like... Yes、I do.../No、I don't"。同时指导学生掌握食品的命名，如 hamburgers、tomatoes、ice cream，并表达他们和别人早中晚三顿喜爱的食品，如 "I like... for breakfast/lunch/dinner" 等。

4. 课堂评价的分层

评价学生不是单以分数为标尺，多一把标尺，就能多出优秀的学生。在教学过程中，教师要充分注意每个学生的个体差异性，发现每一个学生的闪光点。教师要尊重学生的差异性，激发学生对英语学习的兴趣和积极性。教师应对每一个层次的学生进行个性化教学。例如，对于 C 层学生而言，他的写作水平一般都比较差，这类学生通常表现为语言组织能力差。在 "My teacher" 这篇作文中，C 层有许多同学写不完一句话，在这种情况下，教师对他们的作文不能一味批评，也要给予一定的赞扬和鼓励，从而引起学生的写作兴趣，使其更愿意提起笔来。而 B 层学生在这篇作文中会有三单形式的变换问题，"My teacher" 是很不错的一篇习作。在这种情况下，教师要肯定它的长处，也要指出它的短处，并督促学生不断完善自我。A 层学生在班级中处于比较重要的地位，教师要发挥好他们对班上学生的表率作用，引导他们学会超越自我。从而使每个学生在英语学习中有成就感、增加学习动力、全班共同提高。

（三）在情景中展开课堂教学

建构主义学习理论认为，学生并非空着头走进课堂，英语教学旨在使他们获得一个交际的手段。教师要创设良好的交流情境，激发学生参与课堂的兴趣和热情，加强师生互动，提高学生学习英语的能力。从而既能激发学生的学习热情，又能为发展他们运用英语进行交际的能力创造了条件。教师在这一过程中需遵循两方面的原则：一是真实性原则。真实性是口语交际教学中最基本也是非常重要的一个原则，它决定着课堂教学能否取得良好的效果。真实性包括两方面内容：一方面是生活实际；另一方面是情景语言。二是趣味性原则。教师所设置的情景应与学生实际生活密切结合，情景越逼真，越能激发学生的欲望与学习动机。以初中一年级"It's raining"一课为例，针对外界天气条件，请同学们展开讨论。练习会话过程中，老师也会引发出"snow""wind""blowing"等其他天气条件下的英语表达。

在课堂上，教师要遵循互动式原则，让学生参与到讨论中。教学中，英语教师应该借助于多媒体技术，用视频和音频教学资源进行师生间的交流互动。在课堂上，教师如果能够引导学生对一些有代表性的内容进行讨论，那么他们就能更好地理解所学到的知识，从而提高学习效率。另外，教师还要遵守参与性原则，这一方面尤为重要。在这种情况下，教师可向学生提出相应的疑问，使他们能够更多地思考问题。由于英语学科强调交流与沟通，所以只有增加更多的交流与沟通才会让学生熟练运用英语表达想法。

第四节　初中英语课堂的有效教学评价

一、课堂教学评价的认知

课堂评价就是对信息进行收集综合，并加以分析。在这个过程中，教师要及时地把自己所掌握的有关课堂教学情况的信息传递给学生。而这些信息往往又能反映出一个班级或一个学科的教学特点及其发展趋势。课堂评价就是其中之一，它能实现两大目标：一是给学生个体以有益反馈；二是给学生所就读的学校及社区以有益信息，以推动各方协作，共同进步。课堂评价具有整体观念，其主体与客体十分多样化，既可由普通教师评价学生，又可由学生评价自身，还可由学生互评甚至由学生评价教师，还可由家长、学校和社会评价教师。

（一）课堂教学评价的理论基础

1. 建构主义理论

建构主义认为，人类是一个积极主动的学习者，人类必须整合自身的知识结构。教师在教学中扮演重要角色，学生作为学习者，他们所处的社会文化背景决定了教师应如何与其他学习伙伴进行有效互动，并通过对学习资料的理解来实现意义建构。因此，教学过程就是一个以学生为主体，师生共同参与，有目的、有意识地引导学生进行自主探索与合作交流，最终获取新知识的过程。建构主义理论强调培养学生在学习活动中的主动性、积极性和创造性。

传统的教学模式是以教师为中心。而建构主义理论认为，学生才是教学模式的中心，教学环境中应以学生为主体，教师只是课堂的组织者、指导者、帮助者和合作者，没有创设良好的情境和对话来调动学生参与学习的主动性、积极性和首创精神，也就无法完成当前的意义建构任务。所以建构主义强调：一是知识由学生积极主动地建构起来，它是一个以原有认知结构为基础，由学生感知身边的信息产生新的知识，在这种情况下，教师应该关注学生的现有知识，在此基础上引导他们由原有知识经验产生新的经验。教师在教学中起到指导作用，让学生对已学知识技能加以掌握、构建与内化。二是以学习者为中心，注重培养学生自主学习能力。三是创设良好的语言情境。四是采用多种教学方法促进学生积极思维。五是关注个体差异，因材施教。六是鼓励创新。

就英语学习而言，每一个学生的知识水平与能力都是不一样的，对于事物的理解方式和程度也是不一样的。所以，教师在教学中应针对学生特点引导学生探究问题，让学生不断重新组合原有的理念与结构。与此同时，教师要注重学生对知识的获得方式，使他们能够在真实的情境下进行感受、体验与探索，而非只听他人对经验的描述与解释，这样才能真正改变学生在英语学习中处于被动地位的状态。学习并不是教师将知识传达给学生，而应该是他们自己构建知识、独立地去汲取知识、将新知纳入自己的知识体系。这就要求教师不仅要传授新知识，更要教给学生掌握新知识的方法和技能，使其形成良好的认知结构。从心理学角度看，人的认知活动具有强烈的同化与顺应功能。所以，教师不能将知识全部迁移到学生心中，应该使新旧知识之间发生关联或矛盾，这样才能使学生在心中编码出新知识，并加入自己的知识体系网之中。

2. 人本主义理论

人本主义学习理论的基本思想是：学习就是个体潜能的全面开发、个性开发和自我开发。人本主义一方面反对行为主义将人视为动物或者机器而没有关注人自身的特点；另一方面又批判认知心理学虽关注人的认知结构但忽略其情感价值、态度等因素在学习中的作用。因此，在教学过程中必须树立"以学定教"的观念，让学生成为教学活动的主体，这也是现代教育改革的一个重要课题。

人本主义理论重视人的价值和人自身的发展潜力，并具有开发潜力的内在趋势——自我实现。在人本主义看来，学习的本质就在于意义学习。人本教育提倡"以人为本"的教育理念，把培养学生学会做人作为教育教学目标之一。在这一思想指导下，有了意义学习理论，它强调学习者是知识意义的主动建构者。这种意义学习并不只是理解记忆，它是学习者进行的自主和有意识的学习，这种意义学习主要表现在个体主动参与、主动投入、从自我实现倾向出发。学习者能够自由地去发挥他们的潜力，从而使他们得到更加全面的发展。

人本主义课程设计注重学生产生学习原因，也就是学生在学习过程中情感信念与意向等，同时也了解到学生巩固所学知识的程度和学习方式有着极大的联系。所以，我们要改变传统的"教师讲，学生听"的教学模式。把课堂还给学生，给他们提供充分展示自我的机会，使他们真正成为知识的发现者和探究者。从而提高课堂教学效果，充分地调动学生学习的主动性，使他们在自主学习、参与教学过程以及互相交流讨论等方面都能有所收获，从而达到良好教学效果。

3. 元认知理论

元认知一般从广义上界定为凡是把认知过程和认知结果作为客体的认识，或凡是对认知过程进行规范的认识活动，这就是所谓的"元认知"，因为"元认知"的核心含义就是"认知"。因此，研究元认知不仅具有理论意义而且也有实践价值。下面试图从心理学角度出发，探讨元认知结构以及如何培养学生的元认知能力等问题。

元认知的主要内容有：元认知知识、元认知经验、元认知监控。元认知知识，就是人们对认知活动的影响因素所进行的理解，其中包括个人因素、任务因素、策略因素等。元认知体验就是对认知过程进行情绪上的感受，其中个体因素又可分为智力因素（如思维品质）和非智力因素（如情感态度等）。元认知体验则指人们通过感知、记忆、想象和思考来理解和掌握认知过程内容的心理过程。元认知监控就是在认知过程中，以自身的认知活动为认知对象，并持续主动、有意识地对这些活动进行监控与调控。

元认知知识、元认知体验与元认知监控三者在现实认知活动过程中彼此关联，互相影响，互相制约。元认知过程其实是引导、规范我们的认知并选择有效的认知策略进行控制实施的过程，本质上是人类在认知活动中自我意识与自我控制的过程。

一般而言，优等生和个性生之间的区别在于：优等生运用元认知策略意识较强，在英语学习中充满计划性与主动性；个性生运用元认知策略的意识则相对薄弱，在英语学习过程中处于一种盲目、被动的地位。这两个群体在对学习策略的选择上也有明显的不同：优等生更注重策略运用后的效果，而个性生则更加重视策略应用前的准备。另外，优等生和个性生元认知策略在质和量上都有不同，造成这种不同的原因与其自我知觉、自信心、和学习动机相关。

优等生和个性生在元认知上存在着较大差异，而英语作为一门语言类学科，它所涉及的内容是非常广泛的，所以我们必须要培养出一批又一批具有较高英语水平的人才。其中最关键的一点就是要重视学生的元认知能力。所以在英语教学时，老师要做到：一是要针对不同出发点的学生提出不同要求以增强其学习信心。二是要将元认知引上有利于成长的轨道，使每一位学生获得良好的元认知体。三是要通过元认知策略训练让学生认识到学习策略的价值，有助于学生高效地学习，并使其学会自我调节、自我监控、自我评价和自我成长，最后实现自主学习。

（二）课堂教学评价的主要类别

1. 课堂教学的诊断性评价

所谓诊断性评价，就是对问题进行确诊。学生们在课堂学习过程中不但会碰到学习方面的问题，如注意力不集中、听不明白等，而且会碰到情绪或者交际问题，如当天情绪如何，喜欢老师与否，和同学有没有矛盾等。因此，教师要发现学生存在的问题，并记录这些问题出现的频次，站在认识的高度去选择解决问题的办法。学习进步既表现为学生在每一次考试中所取得的成绩，也表现为学生完成某个主体项目所取得的成绩。评价信息是教师与学生沟通的桥梁。评价可有很多途径，比如精心设计的考试，课堂教学中学生集中提问等。

2. 课堂教学的形成性评价

形成性评价是教学与学习过程的有机组成部分，它描述学生总体的进步状况，并对学生进行反馈以巩固所学知识。形成性评价有助于教师对学生学习状况的认识及对接下来教学计划及学生学习计划的制订。在课堂教学中运用形成性评价有利于提高教学质量，促进学生全面发展。

3. 课堂教学的终结性评价

终结性评价指经过一定时间学习之后对学生成绩进行调查，它要求教师对整个教学过程进行客观地、有计划地评估，并根据反馈结果及时调整教学策略。目前我国教育改革中所采取的一种新的课程评价模式就是终结性评价。

相对于形成性评价而言，这类评价一般都是以比较固定的方式进行，如一学期中或者学期结束后，学生集中复习后在固定时间做完一组考题。

评价是检验教与学的质量的重要手段之一。以上评价并不是互相排斥的，它们之间是互相关联、互相渗透的。并且，评价以推动工作和促进发展为根本宗旨，任何一种评价都具有一定的形成性。在教育教学实践活动中，我们应该正确认识和处理好这些关系，做到诊断与评价的统一，所谓诊断，就是对事物存在或发展趋势所做的判断，它具有客观性，并以客观事实为依据。只要教师采用了这些评价形式中的任一种，就应该使学生清楚地认识到评价目的，学会怎样去评价，严格遵循评价标准。

二、初中英语课堂有效教学评价的原则

（一）科学性原则

初中英语学习评价既包括对语言知识、语言技能及综合交际能力的评价，也包括对学生学习中表现出的情感、态度、价值观、学习策略、文化意识和发展潜能的评价。我国现行的英语课程设置与教学目标存在着不协调之处。因此，必须对现有的英语课程进行改革以适应社会经济发展对人才素质要求的变化。形成性评价与终结性评价同时进行，是确保评价科学性的重要原则。评估应该既包括测试型的，也包括非测试型的。即便是测试型评价，也要重视对语言实际运用能力的考察，不能只注重对语言知识与形式的考察。考试时，听力、口试、笔试应合理搭配，主观题与客观题也应合理搭配。

（二）导向性原则

学习评价要有利于推动教学目标达成。但是长期以来，我国英语课堂教学普遍存在着"重考试，轻评估""重教轻学"的现象。这种倾向不仅影响了教学质量的提高，而且也不利于学生自主发展能力的培养。为此，我们应在对学生语言知识与语言技能方面给予足够关注和评估的同时，强调以非测试型评估等形成性评估为主，促使学生维持积极学习态度、养成有效学习策略、拥有跨文化交际意识。而这正是过去被忽略的一个方面。所以，教师在进行学习评价时，应将形成性评价置于重要地位，并将其作为评价改革实施的重要环节。评价应同时关注学习结果和学习过程。评价要有双重作用，即选拔作用和服务于学生成长的作用，后两者应成为评价改革的关键。

（三）多样性原则

多样性原则，就是评价形式应该多样化。尤其对形成性评价而言，既要教师对学生进行评价，又要学生自我评价、合作评价，这样才能使每个人都能得到全面发展。多样性的评价方式应包括：多元主体参与式评价、多因素多层次综合评

判式评价、多种方法结合使用式评价等。教师在进行形成性评价时，应逐步进行角色转换，由"考官"这一角色逐步向和学生共同协作完成评价这一角色转换。形成性评价应该使学生具有选择性和自主权，其内容、形式可由学生自行决定而不一定都由教师统一规定。有利于学生创造性与实践能力的培养。

（四）可行性原则

实行形成性评价与终结性评价同时进行，必然要突破原来的评价模式。所以，操作时要考虑简单易做，不能增加教师和学生负担。若将评估的过程、方法与标准弄复杂了，则进行评估不但难度大，且结果未必理想。由于评估过程繁杂，会导致参与评估者不能根据需要灵活机动、游刃有余地进行运作，甚至会让评价者感到厌倦，影响评估结果。所以，要想做好教学工作，必须对学生学习情况有一个全面了解后再做出正确判断，然后才可采取相应措施，有的放矢地教学。同时还要重视反馈与矫正。否则，就达不到预期目的。即使评价方案、方法是科学的，但是如果不能很好地执行，就不可能收到良好效果，甚至会丧失评价的有效性。但是如果只注重结果，忽视了对学生学习兴趣、学习态度等方面的综合考查，其后果则是事倍功半甚至适得其反。所以，只有评估的时候重视可行性，才有可能真正把评估付诸实践。

三、初中英语课堂有效教学评价的不足

当前初中英语课堂有效教学评价中存在若干问题，具体表现为以下五个方面：

①评价功能不适应，过多地重视甄别与选拔的作用，而忽略了学生学习情况反馈、激励等作用。主要表现在：评价主体单一，重结果，轻过程；评价方式陈旧落后，没有体现出新课程改革所倡导的自主、合作、探究的精神；评价手段比较单一。教师和学生对教学评价关注的重点是成绩和排名，评价所体现出的真实情况常常被忽略。

②评价重点仍然过多地集中于活动结果，如学生学习成绩等方面，忽视了被评学生在活动中所付出的精力及取得的进展，未能把教学全过程视为学生在这一过程中变化与发展的动态过程。

③评价主体简单，以教师评价为主，以学生为被评对象，但未把家长、学校、社会纳入评价主体之中，同时还忽略了对学生进行自评、学生互评以及小组

评价的方式，没有实现评价主体的多元化。

④评价标准简单、标准设置不够科学、标准过泛、忽视学生个体差异等。

⑤评价方法单调乏味，基本上还停留在纸笔测验和分数量化评价上，忽略了一些新的评价方式，如访谈和座谈、学习成长记录袋等。

四、初中英语课堂有效教学评价的优化

（一）学生进行自我评价

学生在自我评价中要能够把握评价技巧。在综合教师评价信息的基础上，要想对自己有一个准确的评估，同学们应该知道评估自己分数的标准。自我评价可带有随意性，如"我如此理解……"。自我评价还可具有很大的形式化，如学生对成绩和知识掌握情况的分析等。学生可通过检测表对成绩进行排序，也可根据标准对成绩进行测评。有效的评价需要学生的参与，让学生看到反思与再出发的可能性。有效的自评不仅能够帮助学生发现问题并且找到解决问题的方法，而且有助于促进他们形成积极的学习态度。有效的自评法还能增强学生与他人合作的意识。学生要了解自评的意义，要对学习状态进行自主评价，要对进一步学习确立目标。自评全过程都需要老师家长和同学们的大力支持。

在自评之初，教师可指导学生仅对所学知识的某一方面做出评价，并逐步摸索合适的自评技巧以及建立完整的自评系统。例如，同学们可以先评估一下基本的阅读能力：读之前要考虑阅读材料的熟悉程度、预测故事的发展趋势、揣摩材料主旨；读之后要总结阅读技巧、阅读时间把控得是否合理等问题。在此基础上再根据不同层次和水平的学生，制定相应的标准来指导他们自评。如果每个同学都能做到以上几点就认为其达到了较高的成绩；反之则属于中等偏下程度。自评内容为学生写作能力、听说能力等。学生要时刻牢记自我评价这个"过程"，老师要时时加以指导。自我评价并不是简单地完成表格和评价表，它是对新的技能的研究。

以"My favorite subject is science"这节课为例，其教学目标就是要使学生能运用英语来表达他们所喜爱的主题，学生们要学会主题的英文表达和某些主题的关键句型。教师可指导学生，让学生在30分钟内完成作文。学生写完后，老师给他们发自我评价表来指导他们填写。

表格需要包含以下内容：书写时间、字数统计、书写前列提纲与否、书写内容真实与否、书写内容齐全与否、有无语法错误等。完成自评表格之后，教师要

给学生留一些余地，使他们能够想出通过这张表，发现自己写作时可能会出现哪些问题、改进方案等。然后教师再给每一位学生发一份考试评价表，其中包括：你认为本次考试中哪些地方需要修改；每个字或者词是否写得清楚；每个句子或段落应该怎样组织结构。学生自评能激励学生去思考，同时关注自身的成绩与缺点，使其承担起学习的责任，化被动为主动；教师还能在激励、指导学生进行自评时促使其进行反思、端正学习态度、树立发展方向等。

（二）学生开展互相评价

学生在学习的过程中得到了别人的赞许与认同，这对激发学生学习兴趣、增强信心是很有帮助的。所以学生间相互评价是非常重要的。学生互评不仅能够促进师生关系的和谐发展，还能使学生感受到自己是一个积极向上的人。此外，学生互评可以促使学生养成良好的行为习惯。如何开展学生互评，即在学生互评时，既要求学生间建立精诚合作关系，又要求教师树立榜样、进行正确指导、展现优秀典范。可通过设计一系列简单的活动进行学生间的互评。在这种情况下，教师先要帮学生建立起彼此之间的默契，使其互相信任，还要组织学生们在亲切的氛围下各显其能，共同做好某项重要工作。并且，可由游戏类课堂活动入手，逐渐向相对正规的评价方式转变。同学们互评前必须先订好规矩，营造融洽友好、互惠互利的氛围，这样做不仅能提高课堂效率，而且能够有效地促进师生间的互动。明确目标，制订计划，选择好评价者。此外，评估必须以事实为依据，而不能只凭个人爱好进行评价。

以作文标题"My favorite food"为例，作文背景为同学们在学习了"I'd like some noodles"这一节课后，每一位同学都会吃到他们爱吃的东西，而每一位同学爱吃的东西虽然不一样，但是却有着他们爱吃的理由。写前，老师可让学生讨论20分钟，同学们分工合作，由一位同学负责记录组员们喜爱的饭菜，其他同学则负责讨论。在这个过程中，教师会对踊跃发言的学生给予相应的鼓励和表扬。之后，将所有参加讨论的同学分为两组，每组10人。一组是被要求写一篇作文，另一组则不做任何安排。同学们讨论后，各组都需要安排30分钟写一篇文章。作文交上来后，老师给各组发一张表，里面写着小组评价："你是如何对你的小组作文进行评价的""你对小组作文起到什么作用""通过这篇作文会发现自己写得还有哪些地方要下功夫"等。

通过这种课堂活动让同学们不但能找到自己的优点，被伙伴们认可并得到信心，而且能通过合作认识自己潜在的缺点、找到自己的发展方向。此外，在课下与同学们交流时，有些同学会发现自己原来未知的某一方面的优点，而另一些同学则会清楚地看到自己将来需要提高的地方、要去争取的事情，最终取得好成绩。

（三）更新教师评价方式

教师评价历来是学生课堂评价的主体。然而，随着社会的发展以及教育改革的不断深入，传统的课堂教学模式已经不能适应现代教学的要求了。因此，要改变传统教学模式下的教师评价体系就显得尤为重要。

教师在课堂活动中扮演着组织者与监督者的角色，在整个教学活动开展过程中起着监督、调节与控制的功能。现主张以学生为评价主体，并鼓励学生自评、学生互评等，但还需与教师的评价相结合。从简单的教师评价来看，教师就是观察者、记录者和信息收集者。从学生互评与自评来看，教师则应成为整体评价的指导者。评价实施前，教师需建立评价标准并确定评价目标。评价实施时教师作为评价示范者与管理者，给学生一个很好的评价范本并指导其正确评价，保持评价全过程的亲切氛围。评价实施后，教师作为评价总结者应组织其反思评价所反馈的情况并评估其成长情况并指导其确立新的目标。

对此，教师评价语言要有针对性，使学生能够及时地获得有效的信息，既可在教室里简单地评价，又可在学生作业本中批注一番，还可在师生访谈、座谈时录音。总而言之，只有根据不同情况选择适当的评价方法，才能使教学工作更具有实效性。

第四章 初中英语课堂活动具体构建

第一节 初中英语课堂活动的具体认知

一、初中英语课堂活动的意义

英语课堂教学活动是连接教师与学生的重要环节，提升其有效性、实用性就意味着学生能够在课堂中接受更多的有效信息。而要想实现这个目标，就要求英语教师能够充分整合手中现有的教育资源，以英语教学规律与初中生的认知规律为基础，灵活运用多种教学方式及教学手段，创造出富有活力且高效的英语课堂，这对于提高学生对于英语的学习兴趣、减轻学习负担并为今后英语应用都能够奠定坚实的基础，因此具有极为积极的意义。

二、初中英语课堂活动的类型

（一）课堂提问类的活动

课堂提问是组织课堂教学最普遍的技巧之一，也是师生之间交流的主要方式之一。有效的课堂提问不仅可以及时检查学情，激活学生的想象，启迪学生的思考，发展学生的语言交际能力，还有助于发挥教师的主导作用，调节教学进程，活跃课堂气氛，促进课堂教学的和谐发展，从而提高课堂教学效率。因此教师必须重视提问的艺术，下面介绍一些提问的技巧和方法。

（1）五个"W"。

五个"W"，即五个"wh-question"，是指用疑问词 what，who，when，where，why（或者 how）来提问，是英语课堂教学最常用也是最实用的提问技巧，该技巧简单易行，能激发学生的兴趣，启发学生的思维，且能照顾到各层次英语水平的学生。

（2）正确提问。

要在初中英语课堂教学中进行正确、有效的提问，教师必须要掌握和运用一些提问技巧，主要包括课堂问题的设计、提问的策略及提问的反馈技巧三个方面。

课堂问题的设计要注意做到四点：一要有目的性。教师要认真研究教材，根据课程的教学目标和重难点来设计问题，使学生通过回答问题来理解所参与的学习内容，并激发他们深层次的思考。二要有层次性。一方面，教师要根据学生的认知规律，设计出一些具有梯度性的问题，由浅入深、循序渐进地提问，使学生的理解层次不断深入；另一方面，教师要根据学生的不同水平准备难易度不同的问题，即不同层次的问题。一般而言，认知记忆性的问题，适合中下水平的学生回答，推理性、创造性的问题适合中上水平的学生回答。三要有趣味性。教师要善于在问题中穿插一些巧妙有趣的设计，以唤起学生的好奇心，调动学生的兴趣和积极性，使学生在思考和回答的过程中体验到愉悦的情感。四要有启发性。要把新旧知识联系起来提问，利用学生已知的、已学的知识和社会、生活实践体验，启迪学生，激发学生的好奇心及思考能力。教师要适当创设问题情境，设计一些发散性思维的问题，培养他们的创造性思维能力。

教师在课堂上提问时要运用三个策略：一要把握好时机。教师要善于了解学生的疑难，掌握时机，及时解答。二要以鼓励为主。学生回答问题即使不全面或不正确时，也要表扬和肯定学生的勤于思考、勇于回答问题的精神。三要耐心等待。当学生不能及时给出答案时，教师应该耐心等待，给学生时间去思考问题。如果鼓励以后学生仍然没能回答出问题，教师可以补充提问来帮助学生理清思路，或者补充信息来帮助学生正确回答。

在对问题回答的反馈上应以积极强化为主，一方面通过重复学生的回答来强化答案的正确性，使全班学生加深对答案的印象；另一方面通过鼓励性的话语或正面评论学生回答来增强学生的成就感和自信心。即使学生回答不出来，也要肯定学生敢于站起来的勇气或鼓励学生下次提问一定能表现更好等。教师要给出表扬和肯定的评价，消除学生的自卑心理，激发学生参与学习的积极性。

（二）相互认识类的活动

1. 纸球记名字

"纸球记名字"活动的目的是在让学生记住大多数同学的名字，同时营造一种学习英语的热烈氛围，具体步骤如下：

①教师事先准备好一个纸球，大小及轻重以方便学生抛接为宜。请全体学生起立，教师把球抛给右边第一个学生，并要求学生接到球后大声说出自己的名字"My name is..."，说完后把球传给自己右手边的同学。如此循环一圈，球再次回到教师的手中。

②教师宣布新的规则。持球的人必须大声叫出一位同学的名字（自己左右边的同学除外），同时把球抛给对方，对方接到球后必须在 5 秒钟内说出一位同学的名字"His/Her name is..."，同时把球抛给对方。

③说错名字的、超时未出球的或抛错球的学生在上面的游戏结束后一起来表演一个小节目。

2. 数字与名称

①名字连串。名字连串活动的目的是让学生记住同学的姓名，具体步骤为：第一个学生用英语说出自己的姓名；第二个学生说出另一同学的姓名（要求该姓名中有一个字与第一个同学的姓名相同），以此类推。

②介绍朋友。介绍朋友活动的目的是增加同学间的相互了解，学会向他人介绍自己的好友。具体步骤为：把全班学生分成若干组，每组约5人，每个学生用几句英语介绍自己最要好的朋友，说出成为好朋友的原因。

③身份证。身份证活动的目的是让学生在游戏中学会英语数字的表达。具体步骤为：把全班学生分成若干组，每组约5人，学生把事先准备好的个性化卡片（卡片上包含电话号码、门牌号、年龄和性别等）放在一起，然后互相抽取一张，就卡片的内容用英语交谈。一个学生说出卡片内容，其他学生猜一猜他（她）是谁。

（三）词语学习类的活动

①说与模仿。说与模仿类活动可以在学习单词或者短语时使用，其目的为：首先，增加词汇学习的趣味性；其次，加深词汇学习的印象；最后，还可以让学习者动起来，真正使用刚学习的新词汇。活动的具体步骤是：一个人负责说出新学习的词汇，另一个人负责模仿该词汇，例如，同学 1 说"monkey"，同学 2 就必须用动作把猴子的特点表现出来。

②Bingo 游戏。Bingo 原来是一种填写格子的游戏，在游戏中第一个成功者以喊"Bingo"表示取胜而得名。现在不止是在游戏中，表示答对了、猜中了，或者是做到了某件事情，都可以喊"Bingo"。在学习词汇时，教师也可以使用这样

的游戏。游戏规则是：使用一个由多个单词构成的格子，让学生找相应的单词，谁先找到就喊"Bingo"，速度最快者就是胜利者。

③词语分类游戏。词语分类就是把单词放到各自所属的类别内，这个游戏主要是帮助学生复习学习过的词汇。

④购物单。教师提供一张购物清单，上面写着需要掌握的单词，然后要求学生根据该购物单去相应的货物柜台购买。货物柜台可以摆实物，也可以摆实物的图片。在规定的时间内，谁购买的东西最全，谁就是胜利者。

⑤副词游戏。副词游戏类似于"说与模仿"游戏。两人或者多人分组完成，其中一人说一个副词，另一人或者其他人就按照所说的词来表演或者模仿该副词所代表的意义。该游戏适合于低年级或者初学者。

（四）学习方位词与介词的活动

①给出方位介词。初中要求学生掌握的常用方位介词如下：

in：在……的里面

on：在……的上面（有表面接触）

under：在……的下面（垂直下方）

in front of：在……的前面

behind：在……的后面

near：在……的附近

教师通过图片展示和问答，形象地向学生展示这几个方位介词的用法。这里采用的是演绎法（deductive method），即教师通过展示方位介词的意思，再讲解和演练。

②同伴游戏。要求学生利用身边的实物（书籍和桌子等），并使用句型"Where is the...? It is..."，两个人一组互问互答，也可以选学生到讲台表演。

③我发现。在学完了以上方位介词后，学生对这几个方位介词的用法有所了解，教师在此时引入这几个方位介词的其他用法。在这里采用的是归纳法（inductive method），即教师通过让学生观察、发现并进行归纳。

三、初中英语课堂活动的过程

初中英语课堂活动的过程可以用一个流程图表示，如图 4-1 所示。

```
┌──────────┐   ┌────────────┐   ┌────────────┐   ┌──────────────┐
│ 确立目标 │──▶│ 选择教学策略 │──▶│ 确立活动原则 │──▶│ 划分单元、课  │
│          │   │            │   │            │   │ 时、教学内容  │
└──────────┘   └────────────┘   └────────────┘   └──────────────┘
                                                          │
┌──────────┐   ┌──────────────────────┐   ┌──────────────────────┐
│ 选择媒体 │◀──│ 创设活动的环境、语境、情境 │◀──│ 选择活动组织形式与方法 │◀┘
└──────────┘   └──────────────────────┘   └──────────────────────┘
```

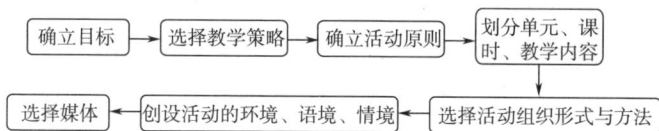

图 4-1　课堂活动设计流程图

第二节　基于核心素养的英语课堂活动

一、基于核心素养的英语课堂活动设计原理

借助设计思维创新重组课堂组织方式是"核心素养落地"的一个不可忽视的要点。创新设计思维的目的就是找出并实施有助于学生更愉悦、更投入、更有成效地进行学习的解决方案。核心素养视域下的教学设计必须着眼于学生核心素养的有效发展，从教材解读、教学内容的选择与取舍、教学目标的确定以及教学策略设计都必须更新。

（一）基于核心素养解读英语课堂教材

"核心素养视域下的教材解读要求教师解读教材的时候应该站在核心素养的立场，把培养和发展学生的核心素养放在首位，努力发掘教材中的核心素养并加以整合"。

核心素养下的初中英语教材解读要注意把培养学生"学会学习"当作重中之重。核心素养视域下的英语课堂应当是学生自主学习英语的课堂，为此，教师必须为学生提供最适合自主学习的材料。学生在课堂上自主学习的材料包括教材和学习辅导材料，它们在学习材料中占有最重要的地位。研究表明，现行教材大部分都不具备自主学习式教材的特点。教师解读教材就要思考如何把学生的学习方式放在首位，对教材进行二度开发要花大力气进行处理，使提供给学生的学习材料更加简略化、结构化、简易化、丰富化。教师解读教材的着眼点是，为了真正实现学生的可持续发展和终身发展而努力将核心素养的培养切实有效地落实到课堂教学中。

核心素养视域下的教材解读还要注意从整体上把握和处理教材。要深入研究每一课、每一节在本单元中所处的地位，与本单元其他课文、章节之间的联系，甚至还应该考虑本课本章节的教材与本学期、本学年乃至本学段其他课文、章节之间的联系，做到上下勾连、融会贯通，才能从整体上把握和处理教材。

核心素养视域下的教材解读要注意以发展的眼光解读教材。初中英语教材丰富多彩，有人教版、鲁教版、粤教版、苏教版等多种版本。版本不同，但理念是相同的，都可以追溯到学生发展核心素养的相关理念、标准以及要求。学生生活随时代的发展而变化，学生的学习过程也是动态开放的，教材也必须是发展的、开放的。所以，教师应该灵活地"用教材教"，而不是去"教教材"。这样的教材解读才能真正为学生的核心素养培养服务。

核心素养视域下的教材解读要在研读核心素养基本理论的基础上，以有利于学生学习发展为原则，创造性地处理教材，努力发掘和整合教材中的核心素养；要整体把握教科书的内在联系，避免重复低效的教学；同时厘清教材内在逻辑，联系学生生活实际，结合教师自身性格特点，绘制个性化的教学路线图，这是教师上好课的前提条件，也是学生进行有效学习从而提高核心素养的前提条件。

综上所述，基于核心素养解读课堂教材的具体方法如下：

1. 关注学科知识的双层意义

教材中蕴含着丰富的学科知识。任何学科知识就其结构而言都可以分为表层结构（表层意义）和深层结构（深层意义）。表层意义主要指知识所直接体现的学科内容。深层意义是蕴含在学科知识内容和意义之中的精神、价值、方法论以及生活意义。英语教材的解读同样如此，很多教师对显性的表层意义很重视，却忽视了隐性的深层意义的发现和挖掘，但深层意义是学生素养形成和发展的根本。核心素养下的英语教材解读要求教师关注英语学科知识的双层意义，尤其是知识的文化意义，让学生进行深度学习，让知识学习成为批判性思维和问题解决的过程，由此形成核心素养。

2. 读懂教学起点与后续知识

核心素养下的教材解读要读懂教学的起点和后续知识，在解读教材的同时解读学生，在设计教学环节时，才能够连接学生的知识原点，重温与新知相关的基础知识，重点分析旧知和新知之间的联系，把教学起点放在学生的最近发展区，让他们更好地同化或顺应新知，从而满足学生的学习需求，并激发学生自主学习的积极性与自觉性，使其核心素养得到有效发展。

3. 落实核心素养的重点难点

读懂每节课的教学重点和难点是实现有效教学的关键，因为它将直接影响着学生的学习效率。为了更好地读懂教学重点和难点，教师应认真解读与新知有关的基础、后续知识、盲区和学习障碍；做到"到位"但"偏位""越位"。这样，既符合学生的认知规律，又围绕教学重点，还能有效突破教学难点，让教学更有效更高效。

（二）基于核心素养确定英语教学内容

英语学科的核心素养主要由语言能力、思维品质、文化品格和学习能力四方面构成。在课程目标确定之后，现有的学习内容也需要做出相应的改变。英语学习内容方面要改变传统教学和脱离语境的知识学习，要把知识学习、技能发展和主题、语境、语篇、语用结合起来，促进学生对文化的理解和思维品质的形成，引导学生学会学习，指向核心素养培养。英语教学内容要根据实际情况进行适当的加工、改编乃至增删和更换，而不是一味地照搬。教师既要根据教学目标执行课程内容，也要为因材施教对课程内容进行创生。英语教学内容来源于课程、教材、教学，是预设与生成的统一。

核心素养的总体框架是核心素养视域下教学内容设计的依据。设计教学内容，教师必须认真解读和研究核心素养的总体框架，熟悉和了解学生发展核心素养的不同方面，要研究它们之间的关系，研究学生发展核心素养与英语学科核心素养之间的联系与区别。例如，英语学科的核心素养为"语言能力、学习能力、文化品格和思维品质"。外语学科属于语言类学科之一，其对学生核心素养的培养具有重要的作用。但是，外语学科与母语语文学科又有所不同，如与母语系统所不同的语言技能，不同的交际规则，不同的文化内容。因此，英语学科的核心素养有别于语文学科，应该特别强调涉外、跨文化、国际视野等方面的特点。换言之，英语学科的核心素养应该细化到具体的语言能力、文化品格和思维品质。学习能力方面，初中阶段可以强调与外语学习特别有关的学习方法。

英语课程内容是发展学生英语学科核心素养的基础。英语课程内容包括六个要素：主题语境、语篇类型、语言知识、文化知识、语言技能和学习策略。课程内容的六要素都指向语言能力、学习能力、思维品质和文化品格四个方面的核心素养。为此，英语教师必须发挥自己的专业优势，自觉地进行学习，深刻领悟核心素养的本质，突破传统教学内容设计的瓶颈。具体而言，要注意以下问题：

①确定教学内容的前提是教师观念的转变。教师观念应实现三个转变，即教学目标要从工具性向工具性和人文性统一转变，由"为应试而教"转向"为学生的终身发展而教"。教学方式也应该是由教向导进行转变，引导学生自主探究，

获取自主学习能力。教学主体应由教师向学生转变，使设定的教学内容更接近学生主体，让学生成为学习的主人，获得对学习的兴趣和动力。

②要认真解读教材，充分领会教材编写者的意图。目前，教材编写者正在依据核心素养的要求，依据新的课程标准并重组教材。教材编写者兼顾到教材的整体体例，考虑到文本体式和学情，以此来确定文本应该承载的核心素养的教学价值，然后把这些价值在教材里以某种方式分别呈现。通俗而言，就是为何要学习这些内容，为要在这个教学位置学习它，要凭借它学习哪些知识技能，发展哪些核心素养，甚至于可以用怎样的方式学习这些内容，学习这些内容与前后内容有何联系等。教师对教材编写者的编写意图一定要充分领会，避免在设计教学内容的时候缺乏整合，使得教学内容碎片化、表层化，脱离真实情境，难以使学生形成能力。

③核心素养视角下的教学内容的确定应依据教材文本的特点。教材无非是个例子，教材是学生进行实践和训练的例子和素材，而不是最终的归宿。无论是"用教材教"还是"教教材"，都是对教师专业思想和技能的考验。教师要树立正确的教材观，深入解读教材，确定有价值的教学内容。以牛津译林版初中英语教材为例，教师应力求以主题意义探究为引领，依托英语语篇，通过活动有机整合语言知识、语言技能、文化知识、学习策略，在提炼、整合、分析、比较、概括、评价语篇意义的过程中学习语言，形成结构化知识，促进学生的认知建构与发展。

④确定教学内容应依据学生的学情。课堂是否有效、高效，是否能够发展学生的核心素养，只有从学生角度判断才有实际意义。因为教师所从事的一切教育教学行为和经历的一切教育教学细节，其终极目标只有一个：帮助学生获得知识并促进其发展。换言之，"教"的本义在于指导"学"，最终达到使学生"虽离师辅而不反"。教师要充分考虑学生的实际情况，经常换位思考，预测到各类层次的学生不同的学习困难，想方设法去激发他们的学习积极性，挖掘他们的学习潜能。例如，教师在教授比较难的语法项目时，应遵循学生的主体差异性原则，根据学生的语言水平和能力差异设计不同类型的语法练习。不同的学段、不同的认知层次、不同的班级和不同的地域都会影响教学内容的选择。核心素养视域下的教学内容选择必须从学生的学习需要、学习兴趣、情感体验和学习思维四方面考虑，确定合宜的学习内容，提高教学的有效性。

总而言之，基于核心素养确定教学内容的具体方法如下：

1. 注重核心素养，促进学生全面发展

核心素养的内涵既包括传统教育领域的知识、技能，更包括现代教育领域的情感、态度、价值观。其所涉及的内容并非是单一的维度，而是多元的维度。核心素养是知识、技能、情感态度价值观等方面的综合表现。这些方面对于学生的发展是缺一不可的，因此教师在选择教学内容时必须综合考虑核心素养内涵的各个方面，不可有所偏废，而且要把这些方面的教学内容融合在一起。

2. 整合英语课程资源，设计教学内容

任何作为一种学习材料教材或多或少地存在某种局限性。教师应始终把培养学生核心素养放在首位，从学生实际出发，深入钻研、系统分析教材，准确把握新的课程标准对不同阶段学生的不同要求。教师应根据学生的学情以及教学实际情况适时、灵活地对教学知识点、教学进度进行合理调整，使教学科学化，以满足学生个性发展的需要。

核心素养下的教学内容设计应以教学内容的价值解读与转化为聚焦点，在教材解读过程中实现教材资源向教学内容的转换，逐步形成"立足核心，板块设计"的思维方式，积极锤炼新型的教学基本功。教师应对教材深入研究，适当时候对教学内容进行科学重组，以适应当下不同个性学生的需求。

3. 丰富拓展英语教材，确定教学内容

关于核心素养视域下的教学内容确定，教师不应是被动地贯彻、执行课程，而应是课程的创造者、开发者。换言之，教师一方面要学好用好文本教材，另一方面还要开发和利用好书本以外的各种资源，丰富和拓展教材，引导学生观察社会、深入社会实践，通过学生的体验、感悟、反思等来确定与设计学生学习内容。上文中提到的深入社会，对生活的体验、感悟、反思等，正是核心素养理念对学生学习提出的具体要求。

（三）基于核心素养指导英语学习策略

学习策略是指学习者在学习活动中有效学习的程序、规则、方法、技巧以及调控方式，是学习者为了完成学习任务而积极进行的认知操作，也是衡量学习者会不会学的重要标志。

随着课程改革不断深化，"掌握获取知识的策略比获取知识重要"的理念已经被越来越多的研究者和一线教师认同。中国学生发展核心素养由三个方面六大素养组成，其中"学会学习"是不可或缺的一种素养。学会学习，要求学生"乐学善学、勤于反思"，要求学生掌握适合自己的学习方法，能够根据不同情境和自身实际选择或调整学习策略和方法等。因此，着眼于学生学会学习来设计教学策略，注重把教师的教学策略转化为学生的学习策略，对于核心素养在课堂教学中落地，具有不可忽视的价值与作用。

核心素养由知识、能力、态度综合化而来。核心素养理应包括核心知识、核心能力和核心态度三个方面。认知心理学理论把知识分为三类：陈述性知识、程序性知识和策略性知识。陈述性知识是用于回答"是什么"的知识；程序性知识是用于回答"怎样做"的知识；策略性知识是用于调控自身认知过程的知识，是关于如何学习、如何思维的知识，是关于如何使用陈述性知识和程序性知识去学习并解决问题的知识。大量研究和实践表明，只有重视策略性知识的教学，才能有效提高学生的核心素养，提高学习活动的有效性。课堂教学中对学生进行学习策略指导，主要应注意以下问题：

①注意策略选用的匹配性与适切性。不同的学习任务、学习内容与学习要求都有与之相匹配的学习策略，没有哪一种学习策略是万能的，是能够适合所有的学习内容和学习要求的。另外，不同学段的学习个体由于个性以及知识结构等方面存在诸多差异，因此学习策略也会有所不同。教师必须让学生学会根据不同的学习内容、学习要求、学习任务以及自己的个性特点选择与之最匹配的、最有效的学习策略。

②充分考虑到学生已有的经验和实际能力。学习策略指导与一般的知识学习指导一样，都必须考虑到学生的接受能力。有些英语学习策略完全适合于成人，但并不能很好地为初中学生加以运用。而有些适合大部分学生的学习策略，未必为某些特殊学习者（如学习困难学生）所能接受和掌握。所以，设计学习策略指导的内容要选取自己、学生所能接受和掌握的那些策略。

③遵循知识与技能学习的一般规律。学习策略指导作为一项知识和技能的教学，与其他知识与技能的学习指导一样，都应遵循学生的学习认知规律。在设计学习策略教学时最需要注意的是：一次只教少量的学习策略，并要注意由易到难，循序渐进；要让学生在学习体验中了解和掌握学习策略；运用学习策略的相关练习不宜太密集。除此之外，在学习策略指导中还要注意运用"融入性原则"和"情境性原则"。融入性原则是指要把学习策略渗透到学生学习的各个环节中去，而不是单独占用时间分别进行；情境性原则是指在教学设计中应当充分注意教学情境的特殊性。

二、基于核心素养的英语课堂学习活动组织

核心素养在当今的教育领域中发挥着重要的作用，是青少年必须具备的素

养。初中英语老师应该把核心素养的内容有效融入英语课程中，提高学生运用语言的能力，加强学生对知识的理解效果，为其全面发展奠定坚实的基础。基于核心素养的英语课堂学习活动组织具体如下：

（一）引导学生开展有效探索，促使学生主动学习

传统英语课堂教学主要以教师的教学为出发点，并没有对学生的自主学习能力培养和落实给予明确的指导，不能体现教与学的统一。建构主义学习理论是很重要的理论基础，也是学生发展核心素养理论的重要依托。建构主义理论其实是学习理论，主要解决学生学习过程中的问题。学生不是空着脑袋进教室的，知识主要不是通过教师传授得到的，而是学生在一定的情境即社会文化背景下，借助其他人（主要是教师和学习伙伴）的帮助，利用必要的学习资料，通过意义建构的方式而获得的。所以核心素养下的英语课堂教学，一要努力创设真实情境，和学生实际接轨，努力做到教与学的统一；二要关注学生已有的知识，并激发旧知来建立新知，由此激发他们主动学习，培养积极思考的好习惯，逐步培养学生自主学习的能力。

在具体英语课堂教学过程中，教师应确立学生核心素养的基本原则：以激发学生学习兴趣和学习动力为主要推手，创设生长课堂，让学生主动参与课堂，逐步在语言实践的过程中使学生的思维品质得以发展，文化品格得以形成，学习能力得以提升，去除零散化、碎片化的知识与技能，真正实现教与学的统一。

建构主义学习理论告诉我们，基于学生的学习经验及在真实情景下展开学习是学习的本质，是最切合学生学习特点的学习方式。这也是教师进行"学习者视角"构建课堂教学的关键所在。程晓堂认为，教师在英语课堂教学中还存在很多问题，其中从培养学生英语核心素养视角看，在语言能力和思维品质培养上存在多个问题：语言能力方面，知识讲解偏多，单纯技能训练偏多，应试技巧训练偏多。思维品质方面，停留在浅层思维活动，话题的选择、问题的设置等方面没有进行较深层次的研究。

英语学科课堂教学从"综合语言运用能力"走向"英语学科核心素养"，需要教师对课程内容进行重新思考和对教学方式以及学生的学习方式进行进一步优化。学习方式应该走向"整合、关联、发展"，这样才能实现对语言的深度学习（语言、文化、思维的融合）。教师从教学设计角度来看，要思考以下问题：创设怎样的情境；与学生共同解决怎样的问题；学生需要获取哪些信息，建构怎样的知识结构；如何引导学生在解决问题的过程中学习语言知识，发展语言技能，

获得文化体验，汲取文化精华，提升思维品质，运用学习策略，实现创新迁移。

基于学生的学习经验及在真实情景下的学习情况，对教师的课堂教学是具有指导意义的。核心素养基本理论主张建构"以学生学习为中心"的课堂教学，提出课堂教学要围绕真实情境中的问题，以此来组织学生的学习活动，引导学生展开探索，激发学生主动学习。

教学中的情境都是模拟的。教学情境是教学活动进行的过程中由师生的主观心理因素（情感、兴趣、意志等）和客观环境因素（由教学手段创设而形成的自然现象、自然过程和社会形象等）构成的一定的教学氛围和场景。简言之，其就是"情"与"境"的有机融合。良好的情境不仅可以激发学生的求知兴趣，促进对知识和方法的理解和掌握，还可以在知识的获取过程中提高思维和认知能力，更可以在师生融洽的双边交流中使学生体验美感，陶冶品行。

（二）进行基于任务或项目的学习活动，激发学习

以"阅读圈"进行英语小说阅读是基于任务及项目的学习，而基于任务及项目的学习是一种综合性很强的学习形式。

核心就是中心，指处在事物的中心位置或者说底层位置的事物，外面一般不易看见，但对事物起着关键作用。由此衍生出来的核心素养，同样是处在人发展的关键位置或者底层位置。核心素养的培养不可能像制造大飞机一样，这个厂制造这个部件，那个厂制造那个部件，最后在总装车间的流水线上装配完成。核心素养具有很强的综合性，不是单纯的某一项素养或者能力。核心素养的提高需要以真实问题或者真实情境为基础的任务学习或者项目学习来实现。

综合性活动包含学习者的综合性、课程的综合性、内容的综合性、活动的综合性、成果的综合性。所以，基于任务及项目的学习因为其内容的综合性、活动的丰富性决定了这样一种学习形式成果的多元化。

任务学习或者项目学习是一种任务驱动式学习，它以任务或者项目为抓手，推动学生进行深度、全面的学习，它提高学生学习的参与度，激发学生的挑战欲，提升学生的综合素养及综合能力。

带有综合学习性质的任务学习或项目学习有别于一般性的学习，它可以调动学生的多种感官，触发学生的兴奋点，培养学生的多种能力，实现育人的目的。这种综合能力对于学生未来发展具有重要意义。因为生活及社会中的具体问题都有一定的综合性，单纯的学科问题很少存在。

基于任务及项目的学习是在课堂教学中落实核心素养的一种基本的学习方

式。核心素养中，"实践创新"所包含的"劳动意识、问题解决、技术应用"等品质，需要通过相关的活动及项目学习来达成，需要在真实问题的解决中及具体的社会实践中得到提高。

（三）开展基于合作理论的"学习共同体"相关活动

学习共同体作为一种能提供理想的学习环境的学习方式，越来越受到人们的关注。一个学习共同体是指一个由学习者及其助学者（包括教师、专家、辅导者等）共同构成的团体，他们彼此之间经常在学习过程中进行沟通、交流，分享各种学习资源，共同完成一定的学习任务，因而在成员之间形成了相互影响、相互促进的人际联系。

1. 创设真实情境，感受学习共同体的积极氛围

真实情境的创设可以营造出积极的学习氛围，师生双方都能处在积极主动的学习情境中。教师处在积极的状态，教学热情是饱满的；学生处在积极的学习之中，学习情绪是高昂的，学习欲望是强烈的，学习思维是活跃的。

积极的学习氛围是活动性很强的课堂。课堂的形式是多样的，学生的参与是积极的。"积极"的本质不是"动"而是"活"，这样的课堂可能很热闹，但热闹不是其本质特征。活的课堂主要看学生学习是否进入状态，学生是否能高度投入。它可以十分活跃，也可以是静悄悄的。学生上课能"聚精会神"或"思绪万千"都是积极课堂的很好的表现形式。

"活"的课堂表现在：听，要神情投入，倾心专注；讲，要自信踊跃，言之有理；思，要积极思维，思维飞扬；静，悄无声息，静能生慧；做，要问题探幽，体验乐趣。

当然，课堂中的思维与生活中的思维还是不同的，生活中学生的思维可以无拘无束；而课堂中学生的思维则不同，它是一直在教师控制范围之内的。

积极的学习氛围也来自师生之间展开的精彩对话，来自师生思维的交流与碰撞。对话是师生双边活动最常见的形式，对话的过程就是"教"与"学"的过程，对话质量的高低直接影响着课堂教学的质量。

2. 活动作品展示，激发学习共同体的参与热情

①以合作为基础的学习合作活动组织中，教师要做个有心人。平时组织过的各种英语学习活动，要对学生作品进行评价和收集整理，并设法展示出来，供学生欣赏学习。如何利用学生英语作品进行教室布置，对于激发学生学习英语、运用英语进行思辨、提高初中学生英语学习能力都有着不可估量的作用。努力为学

生创设一个良好的英语学习环境，营造一个适宜的英语学习氛围，通过自我激励和相互激励，通过"同伴辅导"的力量，激发起他们英语学习的热情。英语作品展示要体现开放性、活动性、可拓展性和全员性，要尽可能多地发挥学生的主观能动性，让学生参与到作品设计中。

②张贴或者书写每日英语谚语。可以发动班上擅长绘画、美工的学生在教室的墙上贴上名人名言或英语谚语。如"Practice makes perfect"（熟能生巧）、"Knowledge is power"（知识就是力量）、"No pains，no gains"（一分耕耘一分收获）等作为学生的座右铭，并定期更换张贴的内容。这样既施展了学生的一技之长，又对其他学生进行了一次无痕的励志教育。

③英语优秀习作或书法展示。充分利用教室里的黑板报选登一些学生的优秀英文习作或者优秀英语书法作品供学生观赏学习，一方面可以增强学生英语学习的成就感；另一方面，榜样的力量是无穷的，学生在优秀作品的激励下会激起更大的学习热情。

④定期展示英文小报。每学期可以举办两次英语小报展示活动，让学生通过小组合作动手制作英文小报，提高合作能力，扩大英语学习知识面，了解异域文化。

⑤开辟英语园地。在教室后面开辟一块英语学习园地，让学生自己找材料，如各种英语文化礼仪、英文时事、笑话、幽默、谜语等，提高学生学习英语的兴趣。

三、基于核心素养的英语听课评课活动实施

听课是广大教师都非常熟悉的一项教学活动。听课的英文表达是 classroom observation，直译就是"课堂观察"或"课堂观摩"。听课的意义不仅仅在于"倾听"，更注重"观察"。教师是整个外语教学活动的组织者、指导者和协调者，又是外语输入的主要提供者。因此，只有对课堂中的教学现象进行考察和研究，并从中获取规律性的认识，改进教学方法，才能提高教学质量和教学效率。评课，即教学评议，是对照课堂教学目标，对教师和学生在课堂中的活动及由这些活动所引起的变化进行价值判断。通过评课，及时与执教者认真分析教学的优缺点，提出改进意见，可以帮助教师总结先进的教学经验，克服不足，明确努力的方向，提高教育教学水平。同时，这对其他教师的教学也会起到积极的启迪和带动作用。

听课评课是教师教学研究工作的重要组成部分。实际上，在深入开展核心素养视域下的课堂教学变革中，会不会听课评课，能不能听好课评好课，怎样去听课评课等，直接影响到核心素养培养能否真正落地，因此值得我们认真地做研究。核心素养视域下的听课评课，无论是价值取向还是观察视角，乃至观察分析的重点，都在发生着重大的转变。

（一）把握英语听课评课的价值取向

初中英语课堂教学过程不是一个简单、直接的素养养成过程，而是一个包含着师生双方丰富的、连续的和积极的体验生成过程，是一个不断变化发展的动态过程。因此，核心素养视域下的听课评课，必须凸显学习的意义，力图体现探讨、建构、生成的价值取向。

教师需要知不足而去学，那么初中英语听课评课就是一种有的放矢的学习方式，通过听课就可以"知不足"。在承认自己存在不足的基础上，教师再找出自己薄弱的地方和改进的方法，就是学习提高的过程。尤其是核心素养视域下的课堂教学能力，不再是以知识形态来呈现，而是以行为的方式来呈现，就更需要教师通过具体的教学情景，形成新的教学认识。

在现代社会，教师相互之间的联系、交流、合作越来越密切。在听课评课活动中，尝试和开展结合自己教学实践的相互探讨显得尤为重要。核心素养视域下的课堂教学改革，仅仅依靠教师个人的力量是无法达成的，需要依靠教师群体的智慧，通过相互合作分享来共同探讨，共同努力。

作为听课评课者，首先我们应该学会善于听取其他教师的意见、观点及有关陈述等，这是探讨的前提。因为任何事情的发生都有一定的原因和背景，只有在了解真实情况的基础上，我们的探讨才能达到预期的效果。其次我们要强化个人反思。反思对于任何类型的教师而言，都是一个提高自律学习能力的有力手段和有效途径。

听课评课中的反思，更多的应是批判性反思。批判性反思既要总结好的一面，又要找出不足的一面，更要提出改进不足的具体方法。例如，我们强调学生的体验和探究，在听课评课过程中，就要思考哪些问题需要探究和体验，哪些问题可以探究和体验等。

在评课时，既要看教师知识传授的准确科学，更要注意分析教师教材处理和教法选择上是否突出了重点，突破了难点，抓住了关键。同时，教师更要关注如何创设学生主动参与的教学环境，激发学生的学习积极性，培养学生的学习能力。

此外，我们还要结合听课评课活动，通过发挥集体智慧，提出一定的有针对性的建议、意见和改进措施等，群策群力地解决好当前教学中存在的问题。只有这样，我们的探讨才有价值，也才能建构培育学生核心素养的课堂。

在听课评课活动中，准确把握其价值取向，强化学习、探讨、建构的意义，需要注意以下方面：

①追根溯源——了解课堂教学的"起点"。任何事物都不是突然发生的，都是有源流，有渐进过程的。课堂教学亦然。在听课评课过程中，我们不仅要关注教学过程，还要关注课堂建构的"起点"，厘清教师是如何依托教学资源、学情来设计本节课的。由此可见，教师在理解教材时，一定要真正吃透教材，找准学生思维的生长点，着眼学生的最近发展区，正视学生"现有水平"和"可能发展水平"之间的差距，并以此来设计、展开教学。教师不仅要教知识，更要启迪学生智慧，要交给学生一把思维的金钥匙。

②直面问题——找寻课堂教学探讨的方向。教学主要是帮助学生产生、遵循和发展自己的观念。听课评课活动也是帮助教师发展教学理念与教学能力的重要途径。因此，直面教学中的问题，才能找到探讨的方向。教师要成为研究者，在专业化的道路上不断完善和发展自己。在听课评课活动中，教师不要轻易放过让自己争辩和解惑的好机会。只有直面教学中的问题，与同行自由研讨，听课评课的意义才能凸显。也只有通过听课评课，才能慢慢吸取其他教师的优点，弥补自己的不足，教学才能不断深入，才能引导学生学会求知，学会合作，学会做人。

③自然生长——建构课堂教学的"远点"。听课评课活动中，我们要努力建构"走在学生发展前面"的教学，这个"远点"就是核心素养发展的愿景。

（二）实现英语听课评课的视角转换

核心素养能够引领教师的课堂教学。随着素质教育的推进和课程改革的深入，有效教学成为课堂教学改革的重点。不论是理论的探讨还是实践的尝试，有效教学都取得了阶段性成果。有效教学是极为重要的改革举措，但这显然不够。教学的有效性不一定体现人才培养目标的实现程度。虽然教师们总在追求和打造效率高的课堂，但本质上却越来越被每个极小知识点里层出不穷的信息所限制。这种教育体制下，学生们被培养出一种令人不安的本领：应考能力出奇的高，但核心素养却被忽略了。

目前，核心素养的提出，让教师看到了明确的让人成为人，以教育来成人的目标。因此，加强学生核心素养的培育势在必行。从这个意义上说，听课评课需要关注"整体性"的学生素养培育，体现课堂教学活动的系统性以及过程性的统一。

教学过程不仅是多方面的，且是综合的，教学与个性发展的所有方面都是紧密联系的，这就要求把促成学生发展作为教学的出发点和归宿。可见，教学活动实际上是一个不断反思过去、立足当前、前瞻未来的螺旋式上升的过程。因此，初中英语听课评课活动应努力体现发展性。另外，听课评课作为在教学现场进行的一项活动，听课者和被听课者都需要关注特定的教学情景。不同的时间、地点、条件，就可能产生不同的过程和结果。即使同一个教师在不同的学校上同一节课，可能会得到截然相反的评价。因此，听课评课活动，必须关注课堂的"情境性"，以获得更多对课堂的认识与理解。

要想在听课评课活动中，让我们的视角更多转向于课堂的整体性、发展性与情境性，需要做到以下方面：

①关注初中英语教学过程中学生的学习心境。核心素养的"自主发展"维度向学生提出"乐学善学"的要求。学生在学习过程中的心境无疑是听课评课必须关注的。学会保持最佳心境，就能自由自在畅游于社会和生活的海洋。学生参与课堂学习的过程应该是愉快的，这是学生能够学好的重要条件。

②关注初中英语教学过程中学生的个性发展。核心素养视域下的课堂教学十分强调学生的个性发展。学生的个性特征是制约和影响有效学习的重要因素。教师全面了解和掌握学生的个性特征，因势利导，促进学生的全面发展，使学生始终保持良好的学习状态，是核心素养培育的重要环节。

③发挥初中英语课堂教学诊断的发展性功能。听课评课活动中不用面面俱到，但是要有重点，切忌吹毛求疵。为此，听课评课要一分为二，实事求是，敢讲真话。既充分肯定成绩，总结经验，又要指出问题与错误。对于一堂课的优缺点、成功经验与典型失误、有待解决的突出问题，要从理论上做深刻剖析，从理性上找到根源，从实践上指出解决的方法，做到以理析课，以理导课，以理服人。

第三节　初中英语课堂活动的具体设计

一、初中英语课堂活动设计的相关理论

英语作为一种国际性语言，是学习世界先进科学技术、进行经济文化交流的工具，在当今国际社会中发挥着重要作用。随着中国改革开放程度的不断加深，作为国际性语言的英语已经成为重要的对外交流工具，英语教学无疑为中国打开了一个通向世界的窗口。同时经济全球化进程的加快使得世界经济融为一体，这对英语教学提出了更高的要求。我国部分学生学习英语，缺少英语语言环境及英语交际的场所，他们主要是通过课堂教学形式来学习英语。因此，教师如何设计有效合理的课堂教学活动显得尤为重要。而如何进行合理有效的英语教学活动，需要教师们从把握活动设计要素开始，掌握相关的活动设计理论，为教师的课堂教学活动设计提供理论支撑。

（一）二语习得理论

二语习得（second language acquisition，SLA）指的是人们逐步提高其第二语言或外语水平的过程。二语习得理论作为一门独立的学科，主要研究母语外的第二语言及外语习得的本质和过程。20世纪70年代以来，人们对第二语言习得从各个方面进行了深入的研究，在多元化的第二语言习得研究理论中，与语言教学最密切相关的主要有中介语理论、普遍语法理论、二语习得环境论及语言监控理论等，这些理论的提出在一定程度上揭示了第二语言和外语学习的过程和规律，尤其是美国语言教育家克拉申的第二语言习得理论为外语教学提供了重要的理论指导依据，对英语教学活动设计具有重大意义。

1. 二语习得理论的主要流派

（1）中介语理论。

中介语理论是一种对外语学习者的语言错误展开研究的理论。作为一门完整的学科，中介语理除了概念之外，还包括它发展的原因，发展的特点和发展的阶段。

中介语理论是较早用认知观点解释第二语言学习的理论模型，其重要意义首

先在于它把第二语言学习看作是一种心理过程，并提供了一个理论框架来解释这种心理过程，而且这种理论为后来人们采用实验的方法研究第二语言的学习提供了基础。其次，从认知心理学的角度来看，塞林格提出的中介语概念实际是语言知识的一种表征。因此这一概念的提出为后来认知理论进一步探讨这一表征的性质及这种表征在第二言语学习中的作用打下了基础。塞林格中介语理论的不足主要在于它并没有明确说明中介系统是如何发展变化的，也没有说明中介语系统是怎样影响语言输出的。下面介绍中介语的发展及特点。

①中介语的阶段发展。中介语理论的发展是在认知心理的基础上展开的，主要形式是对学习者的语言偏误进行统计分析。在一些研究调研中发现了外语学习中常见的三个问题：母语与目标语相似的第二语言，学习者会在学习的过程中犯某些共同的错误；同一个学生在某一阶段的第二语言输出的错误有共同规律；在学习当中，学生在学习第二语言语法时会出现一些和母语类似的语序，这主要是由潜在的认知导向的。研究者还将中介语发展的过程划分为以下四个阶段：

第一阶段是无规律性的错误阶段。在不规则的犯错时期，学生的错误通常是不一致的。出现这些错误是因为，尽管学生已经了解到目标语言具有特定的语言知识体系，但学生并不了解或不精通目标语言。

第二阶段是突生阶段。对于目的语有了一定的了解和掌握之后，二语学习者对第二语言的语言系统的某些语言规则有了一定辨识并实现了内化，这一点上的成功能够将语言的输出保持前后一致的稳定性，但是对整体系统没有完全的掌控，使用语言的能力通常会回到较低的状态，即不规则的阶段。

第三阶段是系统形成阶段。尽管在这个阶段有些规则还没有全部学会，但中介语正越来越接近目标语。在这个阶段，如果学生的错误被指出，学生能自己纠正它们。

第四阶段是稳定阶段。经过快速增长，学生的外语水平将进入一个语言稳定期，同时将达到一个高原地区。在这个阶段，学生的目标语的系统把握已经基本完善，即便产生错误，也只是因为学生的一时疏忽或短暂遗忘引起的。并且这些无心之过即使没有人指出，学习者也可以设法自己改正。

②中介语的石化性。石化性又叫作僵化，是中介语的一个非常重要的特征。石化是指学生在练习目标语言的过程中不断犯错误或学习进入停滞状态的情况。

石化现象在习得中介语的过程中非常普遍，与语言形式的准确性无关，它是一种正常的心理机制，这意味着在正确的语言形式和不正确的语言形式中都存在石化反应。语言学习是一个必须遵循人类共同认知规律的认知过程，主要受语言迁移、训练迁移、第二语言学习策略、第二语言交际策略和目标语言过度泛化等五个方面的心理认知机制的影响。石化现象的形成与特殊的社会文化环境和英语学生的素质有关。这不仅与标准化的教育体系和不适当的教学方法有关，还与英语学生的认知心理偏差有关。在学习中，众多因素导致学生大脑中语言知识固化、僵化。为此，我们应该以理性和宽容的科学眼光看待学习者的语言错误，辩证地看待和理解石化现象，这将有助于我们更好地理解控制石化现象的内部机制，提高语言教学的能力。

中介语理论作为一种语言学基础理论，有很多的作用：让人们对于错误产生的原因、类型及阶段都有了笼统的认识；让人们对第二语言学习的"错误的"的本质有了较为深刻的了解，并针对识别内部单词学习过程的向导的状态，更新需要避免和纠正的位置错误；形成了一套科学的误差分析方法和程序，错误分析是第二语言习得领域继比较分析之后的又一发展阶段。

③中介语的特征。中介语作为一种介于母语和目的语之间的独特的语言体系，有其自身的特点。综合国内外近年来在中介语理论方面的研究成果，其特点主要有以下方面：

第一，渗透性特征。组成中介语的规则并不是固定不变的，它可以受到来自学习者母语和目的语的规则或形式的渗透。换言之，学习者在第二语言或外语学习过程中，并不完全按照本族语的语法规则，不硬套目的语的语法规则，而是创造性地使用学习者语言所独有的语言系统，这种语言系统具有独特的语言形式和语言规则。

第二，阶段性特征。中介语是个开放的体系，具有逐渐进化的特征，其发展具有一定的阶段性。

第三，灵活性特征。中介语是一个灵活的、不断变化的体系。新的语言规则进入中介语系统后有较强的扩散能力。中介语系统处于不断的重组之中。这种重组不是从一个阶段突然跳到下一个阶段，而是不断地借助"假设-检验"手段，缓慢地修改已有的规则以适应目的语新规则的过程。

第四，系统性特征。系统性特征即中介语是相对独立的语言系统，它具有一套独特的语音、语法和词汇规则体系，在任何阶段都呈现出较强的系统性和内部一致性。

（2）普遍语法理论。

早在17世纪以前就有学者提出普遍语法的概念，但在不同的历史时期，不同的学者赋予这一概念的含义有所不同。学术上普遍认为，14世纪至17世纪是普遍语法概念形成的一个极为重要的时期。到了 17 世纪，普遍语法渐至成熟，随后的一些语言学家在这一理论上都做了很多有影响力的工作，并进一步发展了这一理论。20 世纪 60 年代中期，乔姆斯基在生成语法的框架内开始重新构建"普遍语法"这一概念，并赋予特定的内容和含义。

人类头脑中具有一种"天生"的专门语言知识，即所谓的"普遍语法"，包括以下两个方面的内容：

第一，普遍语法有若干固定的抽象的"原则"。人类的大脑机制中有一种与生俱来的普遍语法，包括"原则和参数"，它是一种无意识的、潜在的知识，不须通过学习而存在于大脑中，它决定着人类语言的现有面貌。普遍语法理论认为自然语言都是建立在相同的基础上的，某一具体的语言可能并不具备某些原则，但没有任何语言违反这些原则，人类语言的普遍性特征是由语言中的原则反映出来的。原则是由适用于任何语言的高度抽象的语法构成，如论旨理论、投射原则、格理论等。原则概括了人类语言有可能使用的语言构件，如元音和辅音、实词和功能词等。其中，原则是固定不变的，并适用于所有语言；参数包含了不固定的值，使得不同语言存在差异。

第二，普遍语法有与这些原则有关的若干"参数"。普遍语法是由原则、条件和规则系统构成的所有人类语言共有的成分和属性。由原则和参数组成的普遍语法是人类与生俱来的语言初始状态，即儿童语言知识的初始状态。原则是不变的，揭示了语言间的共性。参数是可变的，反映了不同语言之间的差异，不同语言之间的差异体现为不同的参数值。语言之间的差异并非基本结构的差异，而是一些参数设定的差异。这些参数可通过经验以某种方式固定下来。普遍语法所包含的主要参数有方向参数、核心参数、代词脱落参数等。参数有两个或两个以上的"场"，也称为"值"。不同的语言会有不同的参数值。

（3）二语习得环境论。

与"先天论"不同，"环境论"认为，就某一生物的发展而言，更为重要的不是先天因素，而是后天的经验。早期的环境论以"行为主义"的刺激–反应理论为基础，认为语言是一套行为习惯，语言习得是这种行为形成的过程。第二语言习得就是克服旧的语言习惯（即母语）的干扰，培养新的语言习惯（即第二语言）的过程。近年来，环境论支持者里影响力最大的当数约翰·舒曼的"文化适应模式"。约翰·舒曼的"文化适应模式"，为从环境及情感因素角度来研究第二语言习得提供了理论基础。文化适应模式的理论假设是第二语言学习者目的语水平取决于他与目的语社团的"社会距离"和"心理距离"。不同水平的第二语言学习者处于社会距离和心理距离构成的连续体上的不同位置。

（4）克拉申的二语习得理论。

美国语言教育家斯蒂文·狄·克拉申毕生致力于语言习得理论方面的研究，并从语言习得的角度研究第二语言习得和外语教学的原则，这为他赢得了世界性的声誉。克拉申第二语言习得的"输入假说模式"，是近年来影响广泛、解释全面又很具争议性的理论，对我国广大外语教师和外语教学理论工作者有重要的参考价值。

2. 二语习得理论对英语课堂活动设计的启示

以学生为中心设计课堂教学活动。教师在进行教学活动设计时，应由原来单纯的知识讲授者转变为课堂活动的设计者、管理者、学生实践活动的指导者和合作者等多重角色。教师应把学生作为活动的主体，站在学生的角度，从学生发展的角度出发，根据学生原有的知识结构，找出新旧知识之间的联系，并以现实生活为载体；为学生提供具有探究价值的问题情景，提供有价值的语言学习活动，培养和激发学生的学习语言能动性，提高学生学习英语的自信心，减少英语学习的焦虑；让学生在精心设计的教学活动中经历、感受、体验，不仅获得知识，找到适合自己的学习方法；还能体验学习的成功，享受学习的快乐，掌握语言的应用能力，形成良好的学习品质，为学生的终身成长奠定基础。

注重课堂教学活动的合理设计。重视在课堂教学中学生语言输入的质和量，为学习者提供充分的语言输入，活动设计必须科学合理，具有一定的艺术性和思想性。活动内容既要丰富多彩，又要适时适量；活动形式既要多种多样，新颖有趣，又要避免形式主义，讲求实效。因此，教学活动设计一定要从学生的实际经验出发，活动设计内容要由浅入深、由易到难，让学生有学习的"梯度"。同时，教师一定要熟悉所用的教材，按照英语课程标准的要求，灵活处理教材，要善于将教材"由薄变厚再变薄"，在活动设计的环节上要衔接自然、流畅，从课堂热身、情境导入新课教授、巩固练习等各个环节的活动要精心设计，落实到位。教师在组织教学活动之前要和学生做好课堂秩序的"约定"，持续保持良好的学习秩序。学习过程中要注意组织学生进行生生间、师生间、集体、个别、同桌间、男女间、小组间的操练活动，以保证学生能人人参与、全程参与。

重视营造英语学习活动的环境。二语习得理论认为，二语习得过程是学习者积极参与的心理过程，是学习者对所获得的语言输入进行储存和整理，并加以利用的过程，语言习得的过程必须创设良好的语言环境及语言输入才能得以实现，语言意识只能在一定的环境下才能获得。为此，二语习得理论启示我们，要提高英语教学效果，就应当重视英语学习良好环境的营造：一是教师要转变教学角色，积极创造轻松的课堂气氛，激发学生的学习动机和兴趣，增强自信心，有效降低语言焦虑，让学生积极参与活动；二是努力营造课外英语学习环境，设计开展与英语有关的第二课堂活动；三是利用多媒体技术创造最真实、自然的英语学习环境，挑选出具有知识性、趣味性和真实性的教学材料来设计和组织教学活动，使学生在身临其境的英语环境中自然而然、潜移默化地学习英语，提高英语学习效果。

总而言之，二语习得理论，尤其是克拉申所强调的习得、输入语、降低情感过滤的思想对我国的英语教学活动设计很有启发。我们应根据我国外语教学的实际情况，选择最合适的教学活动设计方法，使我国的外语教学效率得到较大的提高。

（二）建构主义学习理论

1. 建构主义学习理论的流派

建构主义学习理论是一种关于知识的来源、学习的本质的理论，其形成与多种哲学、心理学理论和其他社会科学思潮的影响有关。

（1）皮亚杰认知发展理论的观点。

皮亚杰把认识的发生和发展归结为两个主要方面，即认识形成的心理结构和认识结构与知识发展过程中新知识形成的机制。皮亚杰认知发展理论认为每一个智慧活动都含有一定的认知结构，即图式。图式是人类认识事物的基本模式。同化是主体把客体纳入自己的图式中，引起图式的量的变化。顺应是主体改造已有的图式以适应新的情境，引起图式的质的变化。平衡指由同化和顺应过程均衡所导致的主体结构同客体结构之间的某种相对稳定的适应状态。同化与顺应是适应环境的两种机能。

皮亚杰是"活动教学法"的积极倡导者。皮亚杰强调儿童的思维产生于动作。随着儿童机体的成长发育，行为动作就越复杂，他们的思维水平也就越高，因而儿童学习的根本途径就是自己的活动。一切现代心理学都教导我们说智慧产生于行动。皮亚杰把活动看作是连接主客体的纽带，是认识发展的源泉，强调学生要动脑、动手、动口，通过活动及其协调来逐步形成、发展和完善自己的认知结构，经过个体的同化、顺应和平衡来适应事物的状态。因此，单凭自觉教授知识是不够的，儿童必须实践。活动是学生学习知识、发展能力和形成品德的重要途径。

（2）维果斯基的社会历史发展理论观点。

社会建构主义的另一重要源头是苏联心理学家维果斯基创立的社会历史发展理论。与同时代的皮亚杰一样，维果斯基也致力于探讨儿童认识的个体发生与发展，但他更关注的是个体心理机能发生所依赖的社会文化环境。维果斯基社会历史发展理论的核心理念是"中介作用理论"与"最近发展区理论"。中介作用指的是儿童身边对他有重要意义的人在他认知发展过程中所起的作用。有效学习的关键在于儿童和"中介人"（父母、老师、同伴）之间的交往互动的质量。在儿童智能的实际发展水平与潜在发展水平之间有一个差距，前者（实际发展水平）是儿童独立解决问题的能力水平，后者（潜在发展水平）则是指儿童在成人的指导下或是与能力较强的同伴合作时，可能达到的水平，二者之间的差距就是"最近发展区"。最近发展区理论强调个体间（儿童与成人之间、儿童与儿童之间）的交流与互动，认为与能力较强的人协作学习可以引发学习者内在的心理发展机制，从而顺利进入下一个较高层次的发展区域。因此，在社会建构主义的视野下，外部环境尤其是学校教育对学生的心智发展就起着重要的作用。对于智力发展水平相近的学生，采取不同的教学模式，在不同的环境中学习，就有可能取得不同的智力发展效果。

2. 建构主义学习理论的发展

（1）当代建构主义的知识观包括以下几个方面。

①知识的非确定性。建构主义认为，知识既不是客观的东西，也不是主观的东西，而是个体与环境交互作用的过程中逐渐建构的结果，知识与社会中的个体和环境形成了密不可分的联系。它是人们对客观世界的一种解释或假设，是人脑内部对客观世界提供的信息材料的主观创造，是一种主体性的存在，是动态的、开放的、自我调节的系统，是个体在出于各种目的而试图理解所生活的社会或自然环境过程中的认知建构或创造的过程。

②知识的建构性。建构主义认为，知识是不能传播的，知识是学习者自己建构的，它一再强调学习是学习者主动建构意义的过程。在这个过程中知识不是被教师传授给学生，而是在教师的指导下被建构。这种建构过程是以一个已有的知识结构（即学习者的信念和先前取得的经验）作为基础的。学生在不断地接受一些新知识的同时，主动地根据先前的认知结构有选择地感知这些外在信息，建构对新信息的理解。

③知识的社会性。建构主义认为，学习者知识的获得是学习个体与环境交互作用的结果，要重视学习中的相互作用。这个知识的建构过程不是封闭的，而应

当是在学习群体中，通过合作学习，协商调节而完成的。具体而言，它包括个体的建构（个体与其学习环境的相互作用）、个体间的建构（如学生与教师的相互作用）及更大社会文化背景下的公共知识的建构。

（2）当代建构主义的学习观。建构主义的学习观具体包括以下方面。

①强调学生学习的主动性。建构主义学习观认为，学习是一个积极主动的建构过程，学习者不是被动地接受外在信息，而是主动地根据先前认知结构注意和有选择性的知觉外在信息，建构当前事物的意义。

②强调学生独特的个体经验和能力。建构主义学习观认为，学习者具有丰富的经验和独特的能力，学习意义的获得，是每个学习者以自己原有的知识经验为基础，对新信息重新认识和编码，建构自己的理解。在这一过程中，学习者原有的知识经验因为新知识经验的进入而发生调整和改变，由此引发认知结构的重组。

③强调理解的丰富性、多样性。建构主义学习观认为，每个学生都有丰富的内心世界，每个学生的经验都是独特的，不同的学生常常会对同一个问题表现出不同的理解，提出不同的解决方案。因此，学习者的建构是多元化的，由于事物存在复杂多样性，学习情境存在一定的特殊性，以及个人的先前经验存在独特性，每个学习者对事物意义的建构将是不同的。

④强调学习的情境性。建构主义学习观认为，学生只有在真实的社会生活情景或创设的类似于现实生活的情景中进行知识的学习，才有助于对抽象知识的理解和掌握，才有助于学生把知识灵活地运用于现实世界中，从而有效地解决问题，学生的学习兴趣和学习热情才会被激起。

⑤强调学习中的社会性相互作用。建构主义学习观认为，每个学习者都有自己的经验世界，不同的学习者可以对某种问题形成不同的假设和推论，而学习者可以通过相互沟通和交流，相互争辩和讨论，合作完成一定的任务，共同解决问题。同时，学习者可以与教师、学科专家等展开充分的沟通。这种社会性相互作用可以为知识建构创设一个广泛的学习社群，从而为知识建构提供丰富的资源和积极的支持。

3. 建构主义学习理论对英语课堂活动设计的启示

（1）凸显以学生为中心的活动设计。

建构主义学习理论强调学生是认知的主体，是意义的主动建构者，所以把学生对知识的意义建构作为整个学习过程的最终目的。在建构主义学习理论的指导下，英语课堂教学活动设计更要体现学生的主体地位，从活动情境的创设，到活动过程的设计，再到教师的引导，都要本着以学生为本的理念，既要保证学生对活动内容、方式方法的自主选择和决定权，又要激发和引导学生对外部环境进行积极的探索。因此，教师应当把英语教学的目的要求和阶段要求向学生宣布，让学生心中有数。教师还应当根据自己的教学观念，指出各个阶段的要求和侧重点及学生所应采取的行动。在整个教学活动过程中，教师要不断引导学生总结学习经验，制定学习策略，发挥学生的主观能动性，让学生主动地学习。

（2）建立利于协作与对话的学习环境。

建立一个师生之间和学生之间平等的合作和交流氛围是学生在英语教学活动中完成意义建构的基础。教师要改变传统的师生观和教学观，淡化权威意识。除此之外，教师要善于分析学习内容，确定符合建构主义学习理论要求的英语教学活动内容，然后分析学生，设计适合学生能力与认知水平的学习问题，再在教学目标的基础上，创设真实的活动情境，激发学生学习的兴趣，为学生提供完成学习任务需要的学习资源和必要的认知工具，帮助学生深入开展活动。同时，教师要对学生进行管理和帮助设计，帮助学生搭建脚手架，即教师在创设的情境下，提供新旧知识间联系的线索，引导学生将新知识与原有的经验相联系，并且进行思考，再在师生和生生讨论、交流活动的基础上思考逐步深入，最后帮助和引导学生进行意义建构。

（3）强调学习情境真实性并重视合作交流。

建构主义学习理论认为学生的学习是与真实的或类似于真实的情境相联系的。在实际情境下进行学习，可以激发学生的学习动机，培养学生的学习兴趣，充分调动学生学习的积极性，有助于学生更好地利用自己原有认知结构中的有关经验去同化和顺应当前学习到的新知识。因此，教师设计的教学活动应尽量贴近学生的生活，引导学生在真实的情景中运用语言。同时，建构主义学习理论注重学习过程中学习者之间的交流与合作（包括师生之间、学生之间、学生与学习环境之间的交流与合作）。学习是在一定的情景即社会环境背景下，借助其他人的帮助即通过人际间的协作活动而实现的意义建构过程。因此，在教学中要加强合作与交流，教师设计的课堂活动应面向全体学生，考虑活动的实用性，注重学生的参与率。可以通过设计对子活动、小组活动和集体活动等，使学生在和谐气氛中进行语言交际，集思广益开阔思路，在同伴或同组成员的鼓励下，大胆开口，亲身体验学习经历，体验成功的喜悦。学生只有参与到课堂活动中，发挥学习的主观能动性，才能从活动中获取相应的知识，从而提高学习效果。

（4）注重英语课堂活动的多样性评价。

建构主义学习理论认为，教学评价的重点应该是知识获得的过程，而不仅仅是结果。教学评价应重视评价学生知识建构过程，包括如何寻找知识、认知策略与自我监控、认知卷入及知识建构中的探究与创新能力等，这些都应包括在教学评价内容中；主张从多维度、多层次的角度评价学习结果，评价要立足反映学生知识建构过程中的水平差异，如在知识框架、策略水平、反思与批判思维水平及创新能力等方面；强调教学评价内容设计要注意影响学生的思维发展。

因此，在组织学生进行活动评价时既要关注学生的学习结果，也要关注学生在学习过程中的变化与发展，关注学生情感、态度和价值观的变化，教学的评价应基于动态的、连续的、不断呈现学生进步的学习过程，这就要求英语课堂活动的评价要趋于多元化，主要体现在三个方面：一是评价的重心是教学活动过程。教学评价应贯穿于教学活动的每一个环节，不仅要重视学习结果的评价，更应重视它的过程性评价。二是评价的目标和内容要多元化。评价应体现以"人的发展为本"的思想，体现对个体发展需要的尊重，关注和承认学生的差异性。三是活动教学评价的方法要多样化。由于评价目标、内容、主体的多元化，必然要求评价方法、手段的多样化。教师要将评价的主动权交给学生，学生的注意力评价由注重结果发展为注重过程与结果相结合，不仅要培养学生批判性的思维，而且要培养学生的创新意识，学生在评价同伴的同时也是在进行自我反思的过程。

（三）认知主义学习理论

认知主义学习理论是通过研究人的认知过程来探索学习规律的学习理论。认知主义学习理论与行为主义学习理论相对立，源自格式塔学派的认知主义学习论，经过一段时间的沉寂之后，再度复苏。认知主义的学习论在学习理论研究中开始占据主导地位。认知派学习理论认为学习在于内部认知的变化，学习是一个比S-R（刺激-反应）联结要复杂得多的过程。他们注重解释学习行为的中间过程如目的、意义等，认为这些过程才是控制学习的可变因素。

1. 认知主义学习理论的流派

（1）韦纳的归因理论观点。

美国教育心理学家伯纳德·韦纳的主要研究领域是社会心理学和教育心理学，研究兴趣是动机情绪和归因理论。韦纳的动机理论将海德等人的归因理论和阿特金森等人成就动机理论有机地结合起来，成功地对人类行为的动因做出了认知解释，韦纳完整的动机和情绪归因模式，把动机、情绪、归因等问题有机地结合起来，超越了过去动机问题研究中占主导地位的本能论、驱力论等的局限性。韦纳在动机归因理论方面的研究引起了教育心理学界的广泛重视，并成为当代教育心理学研究的一个热点，他的研究反映了当代动机问题研究的新成果。

归因理论是关于判断和解释他人或自己行为结果原因的一种动机理论。人们对行为成败原因的分析可归纳为六个方面：一是能力，个人评估对该项工作是否胜任；二是努力，个人反省、检讨在工作过程中是否尽力而为；三是工作难度，凭个人经验判定该项工作的困难程度；四是运气，个人自认为成败是否与运气有关；五是身心状况，工作过程中个人当时身体及心情状况是否影响工作成效；六是其他，个人自觉成败因素中，除上述五项外，尚有其他人与事的影响因素（如别人帮助或评分不公等）。

（2）奥苏贝尔的认知同化论观点。

戴维·奥苏贝尔创造性地吸收了同时代著名心理学家皮亚杰、布鲁纳等人的认知同化理论和结构论思想。戴维·奥苏贝尔的有意义接受学习、同化、先行组织者等学习论思想，使学习论与教学论有机地结合和统一。奥苏贝尔既重视原有认知结构（知识经验系统）的作用，又强调关心学习材料本身的内在逻辑关系，他强调学习变化的实质在于新旧知识在学习者头脑中的相互作用，那些新的有内在逻辑关系的学习材料与学生原有的认知结构发生关系，进行同化和改组，并在学习者头脑中产生新的意义。奥苏贝尔的认知同化论的主要观点具体如下：

首先，有意义学习的过程是指同化新意义的过程。奥苏贝尔学习理论把意义认知学习分为两大类——机械学习和有意义的学习。从实质上来说，机械学习呈现的是文字符号之间的表面联系，学生无法理解文字符号的实质，整个心理变化过程是联想。两种情况下会产生这种学习，一是学习材料本身不存在逻辑意义，二是学习材料本身存在逻辑意义。但是，在学生的原有认知结构中，没有可以同化原有认知的知识基础。事实上，有意义学习是指个体获得的文字符号具有逻辑意义，此逻辑意义对有意义学习具有重要意义，此意义以符号为代表，属于新观念。并且，有意义学习和学生认知结构中的原有观念形成了实质性的联系。这种联系不是人为形成的。从本质上来说，有意义学习的过程就是个体获得意义的过程。个体感知到的意义被称为心理意义，心理意义和材料的逻辑意义不同。因此，有意义学习过程是指个体获得有意义材料的心理过程。另外，有意义的学习主要通过同化的形式实现。这里的同化是指学习者通过某种认知结构吸纳新信息，当学习者吸收新观念之后，已有的观念也会发生改变。

概念被同化的特征是学习者将概念的定义直接纳入自己的认知结构的适当部

位，通过辨别新概念与原有概念的异同而掌握概念，同时将概念组成按层次排列的网络系统。

有意义的学习必须具有四个条件：一是新的学习材料本身具有逻辑意义。教材一般符合此要求；二是学习者认知结构中具有同化新材料的适当知识基础（固定点），便于与新知识进行联系，也就是具有必要的起点；三是学习者还必须具有进行有意义学习的倾向，即积极地将新旧知识关联起来的倾向；四是学习者必须积极主动地使这种具有潜在意义的新知识与认识结构中的旧知识发生相互作用。

其次，同化的过程可以通过接受学习的方式实现。接受学习指学生被动地接受以定论为形式的学习内容。从学生的角度来看，学习的过程并不是发现任何事物的过程，只需要学生将教学内容不断内化，换言之，把学习内容融入自己的认知结构中，进而实现教学内容的价值。

接受学习具有自身价值，接受学习也是积极主动的。相较于"师讲生听"的灌输式教学方式，接受学习有质的不同。在校期间，学生的最主要任务就是学习系统知识，在短期内获得大量系统化的知识，并在学习的新知识的基础上不断巩固旧知识，此学习任务主要依靠接受学习实现。接受学习和发现学习不同，接受学习注重从一般到个别，发现学习则相反。但是，两种学习都是积极主动的过程，两者都注重学习活动自身的内在强化性以及学习动机。

（3）加涅的学习理论观点。

加涅在教育心理学方面做出了很大贡献，他所关注的重点是把学习理论研究的结果运用于教学设计。加涅的学习理论是在联结主义和认知观点相结合的基础上，运用现代信息论的观点和方法，通过大量实验研究工作建立起来的，他强调学习过程是信息的接受和使用的过程，学习是主体和环境相互作用的结果。心理的发展是积累学习的结果，个体先前的学习导致个体的智慧日益发展，学习及其心理发展就是形成一个意义上、态度上、动机上相互联系的认知结构。这里既有联结又有认知。加涅的学习理论主要观点如下：

①学习层级论。人类学习的复杂性程度是不一样的，是由简单到复杂的。据此，加涅按八类学习的复杂性程度，提出了累积学习的模式，一般称为学习的层次理论，他的基本论点是，学习任何一种新的知识技能，都是以已经习得的、从属于它们的知识技能为基础的。例如，学生学习较复杂、抽象的知识，是以较简单、具体的知识为基础的。学生心理发展的过程，除基本的生长因素外，主要是各类能力的获得过程和累积过程。加涅通过描述八个学习层次来研究学生理智技

能的累积方式。这八个学习层次是信号学习、刺激-反应联结学习、动作连锁、言语联想、辨别学习、概念学习、规则学习和问题解决。加涅把上述八类学习看作是学生理智技能的八个方面。其中，前四类学习是基础性的，相对说来比较简单，而且有相当一部分是在学龄前就已习得的，因而，学校教育更关注的是后面四类学习，但这并不意味着前四类学习不重要。加涅学习层次说的一个重要特征是：学习是累积性的、较复杂、较高级的学习，是建立在基础性学习的基础上的。每一类学习都是以前一类学习为前提的。

②知识阶层论。知识是一个完整的体系，学生学习就是掌握大量有组织的知识体系。只有这样，学生才能在新情况下更好地运用知识解决问题。完整的体系表现为学习是一个连续的过程，前边的学习是后边的基础。知识体系好像是一个金字塔式，其结构模式基础是许多具体的事物和对象，在这些基础上形成了各种各样的概念。许多概念组成了有具体内容的规则、原理、公式，而在它们的上端又形成了高级规则。

③学习过程论。加涅根据信息加工理论提出了学习过程的基本模式，他认为学习过程就是一个信息加工的过程，即学习者将来自环境刺激的信息进行内在的认知加工的过程。根据上述信息加工的流程，学习包括外部条件和内部条件，学习过程实际上就是学习者头脑中的内部活动。与此相应，加涅把学习过程划分为八个阶段：动机阶段、了解阶段、获得阶段、保持阶段、回忆阶段、概括阶段、操作阶段和反馈阶段。各阶段进程表现为一条链锁，反映了外部条件与内部过程的关联，体现了学习是内部状态和外部条件共同作用的结果。学习过程的八个阶段具体如下：

第一个阶段，动机阶段。实现学习目标最重要的是激发学习者的学习动机。在促进学习的过程中，应该让学习者发掘自身的学习动力。此外，还需要将学生的学习目标和期望与实际生活紧密联系，进而激发学生的学习积极性，促进学生学习。

第二个阶段，了解阶段。在此阶段，学习者主要的心理活动是注意性知觉以及选择性知觉。如果学习者具有较高的学习动机，就很容易接受外部的刺激，让外部信息融入自己的知识体系中，最终变成自己的知识。但是，学习者并不能将所有的外部刺激都融入自己的知识体系中，在学习的过程中会根据自己对信息的预期以及自身动机选择自己可以接受的外部刺激，会把自己的注意力集中在与自己学习目标相关的外部刺激上。

第三个阶段，获得阶段。如果对外信息开始注意和知觉，学习活动就可以进入第三个阶段。获得阶段是指学习者学习的内容变成短期记忆，换言之，学习者会存储和编码信息。

第四个阶段，保持阶段。完成第三个阶段之后，信息如果编码成功，就会进入长效记忆储存器中，这种记忆应该是永久的。并且，值得注意的是，长效记忆具有很大能力。目前为止，还没有实验可以验证大脑记忆容量的最大值。

第五个阶段，回忆阶段。此阶段也是检索信息的阶段，可以通过一种活动将所学东西表现出来。回忆阶段最重要的是线索，人们通过回忆线索记起存储在脑海中的重要信息。

第六个阶段，概括阶段。在提取和运用所学东西的过程中，不局限于某一种学习情境，知识并不只出现在所学内容的范围里。通常情况下，人们需要在变化的现实环境和情境中运用所学知识，因此，需要实现学习的概括化。学习者在迁移知识的过程中，需要以知识概括为基础，从众多知识信息中提取出知识线索。

第七个阶段，操作阶段。操作阶段也可以被称为发生反应的阶段，换言之，学习者的反应命题通过反应发生器组织起来，让知识命题通过操作活动呈现出来，所以，学习效果主要通过作业反映，但与此同时，并不能单凭作业效果反应学习成果。因此，在这一阶段，教师应该创设各种不同形式的作业，让学习者通过操作活动表现学习内容。

第八个阶段，反馈阶段。学习者通过操作活动认识自己的学习成果以及学习是否达标。强化学习的重要组成部分就是信息反馈。当学习者看到自己的学习成果以后，会在内心不断强化所学知识，并且在强化的过程中促进人类进步，该阶段证实了预期效果，让学习活动暂告一段落。

可见，加涅的学习过程八阶段及其相应的心理活动过程，较为具体地展现了学生学习过程的一般结构模式，揭示了人类掌握知识、技能、形成认识能力的全过程。同时，加涅强调，学习过程的八个阶段可以分为三个部分，即准备、操作和迁移。将学习过程与教学事件相联系对有效的教学设计来说有深远的意义。"准备"包括注意、预期目标和提取原有知识。"操作"包括选择性知觉、语义编码、反应和强化。"学习迁移"包括根据线索提取知识和技能一般化。

④学习条件论。加涅强调已有的认知结构在学习中的作用，新的学习一定要适合学习者当时的认知发展水平，学习的理想条件是新输入的信息和提出的要求与学习者已有的知识结构之间存在矛盾和差距，并且只有在这种条件下才能促进学习。学习是个体与环境相互作用的结果，是促进人智慧发展的主要贡献力量。学习条件作用于学习者的学习过程而得以发生。学习的条件有内部的和外部的。

内部的学习条件是指学生开始学习新的内容时应该具备的知识和能力，而外部条件则是教学提供的一个外部环境，当所需要的学习内部条件和外部条件在学习者的学习过程中出现并作用于学习者的内部信息加工过程时，学习者的行为发生预期的变化，这时学习发生了。内部的学习条件可以细分为必要性的和支持性的。个体已习得的性能是必要的内部学习条件，它的缺乏将使学习无法进行。

⑤学习结果分类论。加涅认为人类学习可以分成五大类——言语信息、智慧技能、动作技能、认知策略以及态度。这些分类表示个体对不同学习成果的追求。另外，不同类的学习使用的教学方式也不同。其中，言语信息又包含符号、名称、原则以及事实。为了促进言语信息的学习，对学习者来说，言语信息内容必须具备意义。此外，教授言语信息应该把学习者获得的新信息和已有的知识联系起来。智慧技能表示学习者运用文字符号处理事务的能力，比如，做决定、知晓如何完成某项任务等。

为了让学习者掌握智能技能，教师应该给学习者提供各种正确引导和解决问题的实例以及规则。为了有效评价智慧技能的水平，教师可以让学习者参与问题的解决。认知策略属于特殊化的智慧技能，是指人们运用规则以及概念调控内在能力。学习认知策略可以帮助个体更好地解决问题。通过教学描述和演示策略，学习者可以不断实践和练习，进而提升自身的认知水平。另外，评价认知能力的重要途径是提供需要解决的新问题。除此之外，动作技能主要由个体自身习得，个体通过固有的操作规则支配肌肉，进而提升协调能力，比如打球、跑步以及系鞋带等。其中，提升动作技能的教学方式是不断操练。在评价动作技能的过程中，可以要求学习者在规定时间和规定的精准度下完成任务。态度属于个体的内部状态，是个体在相对稳定的环境下选择的行为方向。态度的教学方式主要是树立榜样。

（4）布鲁纳的学习认知-发现说观点。

布鲁纳反对以强化为主的程序教学，认为引导学生逐步地学习，只能导致学生的呆读死记，而不能保证学生在另一种情境中能够运用这些知识。布鲁纳倡导发现学习，强调学科结构在学生认知结构形成中的重要作用，他从认知心理学的观点出发，对学生的学习、动机及教学等方面进行全面阐述。布鲁纳主张学习的目的在于以发现学习的方式，使学科的基本结构转变为学生头脑中的认知结构。因此，布鲁纳的理论常被称为学习认知-发现说或认知-结构教学论。

布鲁纳的认知学习理论受完形说、托尔曼的思想和皮亚杰发生认识论思想的影响，认为学习是一个认知过程，是学习者主动地形成认知结构的过程。而布鲁纳的认知学习理论与完形说及托尔曼的理论又是有区别的。其中，最大的区别在于完形说及托尔曼的学习理论是建立在对动物学习进行研究的基础上的，所谈的认知是知觉水平上的认知，而布鲁纳的认知学习理论是建立在对人类学习进行研究的基础上的，所谈的认知是抽象思维水平上的认知。

2. 认知主义学习理论对英语课堂活动设计的启示

教学活动设计要始终以学生为中心。认知学习理论把人看作主动的信息加工者，认为人脑在接收外界信息时不是消极的、被动的，它要用原有的知识和经验对这些信息进行选择、组织、加工、处理，抽取它们的本质特征，结合有关知识，选择其主要的、有用的信息把它们储存起来。学习过程是一个学习者主动接受刺激，积极参与许多问题建构和积极思维的过程。认知学习理论强调人在学习活动中的主体价值，充分肯定学习者的自觉能动性，这就启示我们在课堂教学活动中要充分发挥学生的主体性，以学生为中心进行教学活动设计。

教学活动设计要减少学生的认知负荷。课堂教学活动设计要关注学生的认知过程。认知学习理论认为有意义的学习就是把新知识和原有的知识联系起来，将新知识纳入原有的认知结构之中。由此可见，我们在设计课堂教学活动中，先要分析学生现有的认知情况，包括认知水平和认知结构。在此基础上，设法激活学生原有的认知结构，使教师的教学能够影响学生学习的内部认知过程，启发学生进行深水平的加工，从而调整充实原有的认知结构。为此，教师必须十分重视并精心设计教学活动开始前的"启发谈话"。此举不仅为了调动学生的学习兴趣，更为了有效地启动学生原有的认知情况。另外，教学内容的选择还应该考虑学生的接受能力，如把握不好难易程度的相关内容，就会产生厌学情绪。同时还要从学生"学"的角度来设计各种教学活动，使学生的学习具有更为明确的目标，而且还要使它们能构成一个有梯度的连续活动。其中，从学生"学"的角度来设计教学活动，可以使学生成为课堂主体，让学生在完成任务的过程中亲身体验，发现问题并找出解决的办法；使学生的学习具有更为明确的目标，学生才能进行有意识的学习，有意识地吸收和理解被输入的信息。

活动设计呈现形式与内容要开放、多元。认知学习理论重视人在学习活动中的准备状态，这就启示我们在教学之前要分析学生的认知结构与能力，确定教学的起点和内容的形式。因此，在课堂教学活动设计中，教师需要深入研究学生的认知现实，深入分析相关教材，设计体现不同教学风格的任务，设计体现富有个性的课堂活动。活动设计的呈现形式应是开放和多元的，既可以是一节完整的课堂设计，还可以是一个课堂活动设计的片段，或者是一个特定的活动情境设计，也可能是一个课外语言实践活动设计，也可以用多媒体手段呈现。同时，还要设计有梯度的连续活动，可以充分考虑学生的心理和智力发展的顺序性和阶段性特征，按照循序渐进的教学原则，使学生的新知识与原有知识能相互衔接，从而促进学生对语言知识的理解和内化。

二、初中英语课堂活动设计的目标与方法

（一）初中英语课堂活动设计的目标

在初中英语教学中，课堂教学是英语教学的主要途径，课堂活动是课堂教学的主要内容。课堂活动是否适应学习者的需求，是否符合学生的语言基础和认知水平，是否有利于实现教学目标，将直接关系到课堂教学的成败。因此，要提高英语课堂活动的质量，实现教学效果的最优化，需要教师精心设计课堂活动，英语课堂活动的设计是教师最重要、最困难的工作。在设计课堂活动时，我们要运用课堂活动设计原理，包括目标导向原理、活动结构总体优化原理、教学活动系统有序原理来指导我们的课堂活动设计实践，在对教学对象和教学内容进行深入分析的基础上确立活动的目标，按照课堂活动设计流程，精心设计课堂活动。有效的课堂活动能充分激发学生的学习兴趣，调动学生的学习积极性，启发学生的思维，促进学生的发展，能够帮助达成教学目标，提高课堂教学效果。那么，如何才能做好英语课堂活动设计呢？下面将从确立目标及活动设计两方面对课堂活动设计的整个流程进行详细的介绍，包括分析教学对象，分析教学内容，编制教学目标，选择教学策略，确立活动原则，划分单元、课时、教学内容，选择活动组织形式与方法，创设活动的环境、语境、情境，选择媒体等具体环节。

教学目标是对学习者通过教学后应该表现出来的可见行为的具体的和明确的表述。教学目标是指教学活动预期所要达到的最终学习结果。教学目标是教学活动的第一要素和前提。教学目标既是教学活动的起点也是教学的归宿，是教学活动的核心，它在整个教学过程中起着导向、评价、调节、激励的作用。因此，我们在进行教学活动设计的时候，应该首先确立并陈述教学目标；其次才是为了达成目标而选择的教学策略、教学媒体、拟定的教学程序，以及为实施目标而进行的教学活动过程。课堂活动设计的第一步就是要确立教学目标，英语教学目标的确定应参考英语课程标准中提出的总体目标："基础教育阶段英语课程的总体目标是培养学生的综合语言运用能力。"根据英语课程标准中提出的总体目标，制定课堂教学目标时要具体体现五个方面，即从语言技能、语言知识、情感态度、

学习策略、文化意识五个方面制定目标。

　　课堂活动教学目标是总体教学目标的进一步具体化。一节课可以由若干教学活动组成，不同的教学活动有不同的教学目标，即阶段性目标，但是每个教学活动都应该指向同一最终教学目标。开展课堂活动的目的是更好地达成各阶段性目标和最终教学目标。因此，课堂活动的设计要紧紧围绕教学目标。教师设计的每个活动都应以达成教学目标为导向，应有利于学生获得语言知识和发展语言技能，不能追求形式。不同的教学目标需要不同的活动设计，每个活动都有自己预期的目标，如果课堂活动脱离了教学内容，偏离了教学目标，那么再有趣的课堂活动也难以收到理想的教学效果。无论设计何种活动，目标意识都是第一位的，要明确活动的对象（audience），在哪些条件（condition）下能够完成怎样的行为（behaviour），达到怎样的程度（degree）。只有目标明确，活动才能有条不紊地开展，才有可操作性。

　　教师在进行活动设计时，应该对活动的目标做到心中有数，而且目标越具体越好，以把握活动的方向。例如，在实际教学过程中，部分教师误认为课堂活动就是为了活跃课堂气氛和提高学生的学习兴趣，因而把课堂活动简单等同于游戏、娱乐，认为只要是学生感兴趣的活动就一定是好活动。还有一些教师误认为活动越多越好，将活动充斥整个课堂，一个活动接着一个活动。学生在课堂上忙忙碌碌，课堂气氛热闹非凡，但活动无明确目的、无积极体验与思维碰撞，只是"为活动而活动"。这样一些活动是散漫的、随意的、肤浅的、没有实质意义的，这种形式化的活动不仅浪费了有限的教学时间，而且也不能促进学生的发展，是无效的或低效的活动。因此，在进行课堂活动设计时，先要明确活动的目标，活动目标制定得是否准确和清晰，直接影响着活动实施的过程和最终效果。有效的课堂活动是具有明确任务取向、有明确目标导向的活动。

　　课堂教学目标的确立必须建立在对教学对象和教学内容进行深入分析的基础之上，要求教师分析教材包含的知识与技能，确定知识与技能目标，分析教材是否包含学习策略、文化意识和情感态度的相关内容，确立学习策略、文化意识和情感态度目标，分析学生已有的基础和学习能力，适时调整目标，保证目标的可操作性。

1. 课堂活动设计目标的依据

（1）通过分析教学对象设计目标。

　　初中英语的教学对象是学生，学生的发展是英语课程的出发点和归宿。义务教育阶段的英语课程应面向全体学生。体现以学生为主体的思想，在教学目标、教学内容、教学过程、教学评价和教学资源的利用与开发等方面都应考虑全体学生的发展需求。课程应成为学生在教师指导下构建知识、发展技能、拓宽视野、活跃思维、展现个性的过程。英语课堂活动的教学目标就是使全体学生都参与教学活动，以促进学生的学习与发展。因此，在确立教学目标时，就必须首先了解学生，分析与研究他们对英语的兴趣与爱好，已有的知识基础与认知结构，有的放矢地进行教学，达到预期的教学目标。

教学对象分析也称学习者分析，是教学活动设计关键的环节，是现代教学理念"以学生为中心"的具体体现。分析教学对象的目的是，通过了解学习者当前的状态、认知特点、知识水平、学习风格、学习动机、情感态度等方面的情况，以确定学习的起点、学习的任务、教学的目标和教学的难点，为教学内容的组织与安排、教学策略的选择与运用、教学手段的选择与使用及教学评价的设计提供依据。因此，要取得教学设计的成功，实现教学目标，就必须重视对学习者的分析。

学习者分析的主要内容包括：学习者起点水平分析、学习者的一般特征分析、学习者的学习风格分析和学习动机分析等。

①学习者起点水平分析。学习准备是学习者在从事新的学习时，他原有的知识水平和心理发展水平对新的学习的适应性。了解学习者原有的学习准备状态是任何教学的出发点。学习者起点水平分析就是了解学习者在从事特定学科内容的学习前就已经具备的知识技能基础，以及对有关学习内容的认与态度，从而确定教学的起点。学习者起点水平分析包括学习者预备能力的分析、学习者目标技能的分析、学习者学习态度的分析。

预备能力分析是明确学习者对于面临的学习是否有必备的行为能力。我们可以编制摸底试卷对学生进行一次普测，检查他们是否已经达到这些起点要求。

学习者目标技能的分析就是了解学习者对所要学习的东西已经知道了多少，分析学习者当下语言水平与目标要求之间的差距。对目标能力的预测可以从期终试题库中选择和组合一部分试题，对学习者进行预测。

一般而言，态度包括认知成分、情感成分和行为倾向成分，要了解学习者的态度，可以分别或同时考察三个成分。考察学习者态度最常用的方法是"态度量表"。此外，观察、座谈等方式也被用来了解学习者的态度现状。

②学习者的一般特征分析。学习者的一般特征，是指他们具有与具体学科内容无关，但影响其学习的生理、心理和社会等方面的特点，包括年龄、性别、认知成熟度、多元智能、生活经验、社会文化背景等内容。在教学设计过程中，分

析学生的一般特征，以此作为制定教学目标、教学策略，选择教学方法和媒体等工作的依据。

认知发展阶段理论对了解学习者的一般特征具有重要的指导意义，该理论把学生的认知发展划分为四个阶段。感知运动阶段（0~2 岁）：个体靠感觉与动作认识世界。前运算阶段（2~7 岁）：个体开始运用简单的语言符号从事思考，具有表象思维能力，但缺乏可逆性。具体运算阶段（7~11 岁）：出现了逻辑思维和零散的可逆运算，但一般只能对具体事物或形象进行运算。形式运算阶段（11~15 岁）：能在头脑中把形式和内容分开，使思维超出所感知的具体事物或形象，进行抽象的逻辑思维和命题运算。

认知发展阶段理论表明，儿童的认知发展是从具体认知向抽象认知的过渡。因此，我们在进行课堂活动设计时首先要了解学生的认知特点、年龄特征，并根据学生的认知特点和年龄特征选择恰当的学习内容和教学方法，将具体的事物或概念作为抽象事物的基础，设计一个由具体到抽象的教学内容顺序，引导学习者思维向抽象的逻辑思维发展。

多元智能理论认为人一般具有八种智能：语言智能、逻辑数学智能、空间智能、肢体运动智能、音乐智能、人际关系智能、自我认识智能和自然探索智能。但是，每个人在这八种智能方面的发展是不平衡的，存在着明显的差异。例如，有的人长于逻辑思维，有的人长于语言，有的人长于运动，有的人长于空间思维，有的人长于人际交往。初中学生在这种智能方面同样会表现出不同的差异，如有的学生具有很好的语言天赋，有的学生运动能力很强而语言表达却相对欠缺。因此我们在设计英语课堂活动时必须关注学生差异，照顾到学生多元智能的发展，不能设计单一的语言类活动，还应该有唱歌类、表演类、绘画类、运动类及合作类活动，调动所有学生的学习积极性，促进学生的全面发展。

③学习者的学习风格分析。学习风格是学习者持续一贯的带有个性特征的学习方式，是学习策略和学习倾向的总和。学习风格涉及的方面很多，常表现为学习者喜欢的或经常使用的学习策略、学习方式或学习倾向。学习风格具有稳定性，很少因学习内容、学习情境等因素的变化而变化。同时，学习风格具有个体差异性和独特性。学习风格根据其性质和表现形式可分为以下三类：

一是学习的感知模式（perceptual learning modalities）。学习的感知模式包括视觉学习模式（visual learning）、听觉学习模式（auditory learning）、体验学习模式（kinesthetic learning）和动手操作学习模式（tactile learning）。

二是根据学习者的认知方式，学习风格可分为场独立型（field-independence）和场依存型（field-dependence）、分析型（analytic）和综合型（global）、审慎型（reflective）和冲动型（impulsive）等。

三是以情感和性格因素为基础，学习风格又分为内向型（introverted）和外向型（extraverted）及歧义容忍型（ambiguity-tolerant）和歧义不容忍型（ambiguity-intolerant）。

听觉型学习者对听到的内容比较敏感，喜欢听而不喜欢读，以听觉为最有效的学习方式；动手操作型学习者喜欢读和写，对动手操作的事情比较感兴趣，以动觉为最有效的学习方式；视觉型学习者对看到的文字或图像印象较深，喜欢阅读，以视觉为最有效的学习方式。

场依存者在认知方式上依赖外在参照，受外在环境影响较大，喜欢与人交往，属于感性型学习者。这种学习风格有利于口头语言的交际，在自然情境下习得第二语言效果更好。而场独立型者在学习上独立性较强，属于分析型学习者，具有较好的推理能力和分析问题的能力。这类学习者在正规的课堂情境下学习第二语言效果更佳。

每个人都具有不同的学习风格倾向，不同的人依赖不同的感官去感知外界事物，同样，初中学生也是具有学习风格差异的人。我们在教学中会发现，一个班级沉默，而另一个班级活跃；有的学生喜欢参与小组活动，有的却喜欢独自学习。因此我们在设计教学活动时要充分考虑到学生的学习风格差异，以学生为中心，设计出适合不同学习风格的教学活动，因势利导，促进学生的学习和发展。

④学习动机分析。学习动机是推动学生进行学习活动的内在原因，是激励、指引学生学习的强大动力。学习动机指的是学习活动的推动力，又称"学习的动力"。学习动机可以促进学习，学习动机与学习效果通常是一致的。首先，学习动机使学习者具有明确的学习目标，知道自己学习的原因和方向。其次，学习动机使学习者保持积极主动的学习态度和持之以恒的学习毅力。但动机水平与学习效果之间的关系并不是简单的直线关系。强度适中的动机，对学习具有较适宜的促进作用，过高或过低的学习动机都会降低学习效果，这是因为学习动机过高时学生容易产生焦虑的情绪，而学习动机过低时学生又会产生态度冷漠、涣散、懈怠等精神状态。心理学认为，中等程度动机的激发或唤起，对学习具有最佳的促进效果。因此，教师在教学时，要使学生学习动机的水平适当，要根据学习任务的不同难度，恰当控制学生学习动机的激起程度。一定要注意避免给学生提出过高的目标，或给学生较大的压力。过高的目标、过分的压力不仅不会促进学生的学习，反而会造成延误学生终身的心理障碍。

动机包括三部分：个人努力、达成学习目标的愿望和对待语言学习的正确态度。动机可以分为工具型动机（instrumental motivation）和融合型动机（integrational motivation）。工具型动机指学生的学习是为了工具性目的，如为了出国留学、通过考试等。融合型动机是一种想融入目的语文化的愿望，如对目的语文化有特殊兴趣、移居国外等。融合型动机是学习成功的主要因素，因为拥有融合型动机的学习者一般都表现为学习自觉性强，能做到主动学习。

若从认知心理学角度进行分类，可以将动机分为内部动机（intrinsic motivation）和外部动机（extrinsic motivation）。内部动机指由个体的内在需要引起的动机，学习的动力源自学习者本身，源自学习者对学习的热情和喜爱。外部动机多为工具型动机，内部动机一般属于融合型动机。学生的学习一般是内部动机和外部动机的合力所致，但内部动机比较持久，外部动机容易受外部因素的影响。所以教学应尽可能激发学生的内部动机或融合型动机，适当运用外部动机或工具型动机。

初中阶段的学生已经开始有明确的学习动机，但很多学生学习英语以工具型动机为主，学习英语是因为课程的要求、升学的要求，缺乏对英语学习持久的兴趣和喜爱，这就要求教师在教学中必须增强学生对英语学习的兴趣，根据学生的兴趣和爱好设计活动，让学生充分实现自我，体验成功，体验快乐，激发学生的内部动机，满足其工具型动机的要求。

（2）通过分析教学内容设计目标。

对教学内容的分析是对学习者的起点能力转化为终点能力所需要的从属知识、技能和态度等进行详细阐释的过程。只有进行教学内容的分析，才能科学准确地确定教学目标；只有进行教学内容的分析，才能确定教学内容的广度（学习者必须达到的知识和技能的范围）、深度（学习者必须达到的知识深浅程度和技能复杂的水平），明确教师应该"教什么"和学生"学什么"的问题；只有进行教学内容的分析，才能了解教学内容各组成部分间的关系及各部分内容与整体的关系，确定教学内容的呈现顺序，使之既符合语言学习规律，又符合学习者认知发展的顺序，为教学安排奠定基础，给教师提供"如何教"和学习者"如何学"的指导，促使学习者达到教学目标的要求。教学内容分析的过程会因教学内容的不同而有所差异，但一般包括以下步骤：

①根据英语总体教学目标确定教学的基本目标。依据课程理论、认知理论、学习理论等对教学内容做初步的考察和论证，了解教学任务的背景和类型，教材的体系、结构、组成部分及主要内容。

②选择及组织单元，确定教学单元目标，并根据单元教学目标对教学内容做周密、详细的分析。我们要具体分析学习者需要学习哪些知识，学到何种程度，需要掌握哪些技能，达到何种水平，学习哪些学习策略，运用这些策略学生能够解决怎样的问题，培养怎样的情感态度和文化意识，情感态度和文化意识会有怎样的变化，需要哪些条件，怎样处理知识与技能的关系等一系列问题，将知识、技能、功能、态度、策略、文化意识等与话题相结合，分配到具体的章节之中。

③选择教学内容。选择教学内容：一是应依据所选教材；二是必须适合学生的认知结构、年龄特点、知识水平，任何教学都有必要对所选教材内容进行适当的增减修订。教学内容必须与教学目标相关，能够促成教学目标的达成；教学内容必须适合学生的需求；教学内容必须能够激发学生的学习兴趣。

④分析、研究教材，对教材内容进行整合优化。教学内容主要是通过教材呈现出来的。教材是教师进行教学活动的主要依据，也是学生进行学习活动的主要基础，它是师生完成教与学双边活动必不可少的媒体。所以，我们先要做好教材内容的分析，再去做好教学具体环节的设计。但是，我们一直要贯穿这样一个基本的思想，那就是用教材而不是教教材，教师应该创造性地使用教材。在进行教材内容分析时，要掌握教材，很好地领会教材的内涵，理解教材的编写意图，创造性地分析教材内容。例如，在预设教学环节中，教师必须对学生的学习行为进行预设，这个预设是非常必要的，在分析教材的时候，教师必须在深入分析教学对象的基础上，预设学生在课堂上可能发生的多种学习行为，可能会出现的多种可能，这样的预设有助于有效地处理好课堂教学中的新生成性问题。如果没有做好对教材的深入分析，这个问题就会成为影响教师教学效果的关键因素。

对教材内容的剪裁组织是贯彻落实教学目标、实施有效教学的重要保证。教材是编写者依据课程标准编写的教学用书，代表的是编写者对课程标准的理解，所以我们在教学中不应该唯教材论，我们要对现行教材进行分析，根据教学实际需要对教材内容进行删减、补充、替换、扩展、调整、完善和提升，真正做到活用教材。只有对教材内容做出充分、详细、得当的分析之后，才能联系教学目标，设计出切实可行的课堂活动。可以说对教材内容的分析在教学设计的各个环节中起到提纲挈领的作用。

⑤确立教学内容的重点和难点。教学重点是课程标准规定的或者教师根据具体教学目标确定的学生应掌握的重点教学内容。确定教学重点首先要掌握课标，明确教学目标。教学重点可以是语音、词汇、语法等知识方面的，也可以是听、说、读、写等技能方面的，或者是情感态度方面的。教学的难点是指学生不易理

解的知识，或不易掌握的技能技巧。难点不一定是重点，也有些内容既是难点又是重点。对于教学的难点，教师要着力想出各种有效办法加以突破。课堂教学过程是为了实现教学目标而展开的，确定教学重点、难点是为了进一步明确教学目标，以便在教学活动过程中突出重点，突破难点，更好地为实现教学目标服务。

2. 课堂活动目标的设计编制

课堂教学目标的制定，必须建立在科学的教学理念上，建立在对教学对象的科学分析上，建立在对教学内容的准确把握上，教学目标必须明确、具体、可操作、可检验。只有掌握编制目标的原则和编写目标的方法，才能制定出一个切实可行的教学目标，在此目标导向下，才能有效地提高课堂教学的质量。

（1）目标编制的遵循原则。

①可行性原则。教学目标要适度、恰当，符合学生实际。学生的发展是英语课程的出发点和归宿。一切为了学生的发展也应成为所有教学行为和教学活动的出发点和归宿。在确定教学目标的时候，一定要以学生为中心。要充分考虑学生的年龄特点、现有知识水平、所具备的能力，站在学生的角度去考虑教学目标制定的可行性和实效性。在重视保护学生学习积极性的同时，还要适当照顾各个层次的学生的学习需要。

②可操作性原则。教学目标要明确、具体、易操作、易测量。课时教学目标主干要鲜明，数量不能过多，否则难以落实。在教学目标制定过程中，教师要充分了解学生已有的知识基础、生活经验和个性特点，要针对学生的实际，恰当地制定出教学目标，教学目标的陈述应是明确的、具体的、可以观察和测量的，能促进教师在教学设计上抓住重点、把握难点，切合实际地设计各个教学环节。

③阶段性原则。教学目标有总体教学目标和具体教学目标之分，总体教学目标属于终极目标，具体教学目标属于阶段性教学目标，如学期教学目标、单元教学目标。阶段性教学目标是终极目标的具体体现，也是终极目标实施的保证。在制定目标时要明确学生认知能力发展的阶段性，在不同的阶段有不同的侧重，制定出切实可行的阶段性教学目标。

（2）目标编制的陈述方法。

教学目标应规定学生在教学活动结束后能表现出什么样的学业行为，并限定学生学习过程中知识、技能的获得和情感态度发展的层次、范围、方式及变化效果的量度。对每节课教学目标的准确表述，可以充分发挥教学目标在教学活动中的指向、评估和激励作用。一般而言，教学目标的陈述方法主要有以下三种：

①基于认知主义的陈述方法。从教育学、心理学角度入手考察，坚持认知学

习理论的心理学家认为学习的实质是内在心理变化，教育的真正目标不是具体行为的变化，而是内在能力和情感的变化。因此，教师在陈述教学目标时首先应明确陈述如记忆、知觉、理解、创造、欣赏、热爱、尊重等内在的心理变化，运用表示内部心理过程的含糊动词。这是我国教师传统使用的一种陈述方法，他们往往使用只表示内部心理过程的含糊动词，如"懂得、理解、掌握、领会、欣赏"等。这种方法虽有利于扼要地表述教学的意图，但是它缺乏质与量的规定性，难以观察和测量，不易操作。

②基于行为主义的陈述方法。基于行为主义的陈述方法从行为主义心理学的刺激-反应模式出发，用可观察、可测量的外显行为来陈述教学目标。下面以"ABCD"目标陈述法为例加以说明，该法认为一个完整的、具体的、明确的教学目标应包括以下四个因素：

一是对象（audience），阐明教学对象，即行为的主体。行为目标描述的应是学生的行为，而不是教师的行为。目标必须是针对特定的学习者而提出的，要清楚地表明达成目标的行为主体是学生。规范的行为目标的开头应是"学生……"。

二是行为（behaviour），说明学习者在学习后应能完成的行为，即学习者应能做什么。它强调用可观察、可测量的外显行为来确切地描述学习者的行为变化，应该用明确的行为动词来描述教学目标。例如，"学生能够读出 computer 这个单词，并能默写这个单词"。

三是条件（conditions），说明学生行为发生的条件，即影响学生学习结果的条件因素（包括环境、人、设备、信息、时间、问题明确性等因素）。例如，"在 10 分钟内，能写出一篇 100 字的英语短文""根据要求完成电话对话"等。

四是程度（degree），是学生达到教学目标的最低衡量依据，或学生合格行为的最低标准。程度可从完成行为的速度（时间）、准确性、质量三个方面来确定。例如，"能流利地背诵课文""每分钟能阅读 100 字的英语材料""在 20 分钟内，完成一篇看图写话练习"等。

一般而言，一个完整的教学目标应包括教学对象、行为、条件、程度这四个因素。这四个因素的前后顺序并不重要，重要的是在一个教学目标中这四个因素要同时具备。当我们把四个要素综合在一起的时候，就可以写出一个完整的教学目标了，如"通过学习 be going to 的用法（条件），学生（教学对象）能够用 be going to 描述计划（行为），准确率达 95%（程度）"。但是，在实际的教学中，很少有教师在他们的目标陈述中去详细说明行为产生的条件和程度。因此，行为条件和标准是可省略的，教师在实际操作中可以灵活掌握。

基于认知主义的陈述方法虽然克服了目标表述的模糊性，具有精确性、客观性、可测量性、可操作性的特点，但只强调行为结果，忽视内部心理过程，这会导致教师可能只注意学生外在行为变化而忽略了学生内在的心理能力和情感变化。

③内外结合陈述法。所谓内外结合陈述法，即内部过程与外显行为相结合描述教学目标的方法，它是对以上两种方法的补充。内外结合陈述法一般用于陈述那些难以行为化的情感、能力方面的目标。例如，情感、态度等方面的目标就只能以内部心理过程的概括性方法加以陈述。内外结合陈述法避免了认知目标或情感目标的抽象性和模糊性，所以被许多心理学家和教师认同。

（二）初中英语课堂活动设计的方法

1. 确立活动的基本原则

教学策略的正确选择为课堂活动的开展提供了保障，同时是确立活动的原则。课堂活动是课堂教学的核心内容，活动是否有利于学生获得知识和发展技能，是否有利于培养学生各方面的能力，是否有利于促进学生全面发展，是否有利于实现教学目标，将直接影响教学效果的好坏。为了保证活动的实效性，课堂活动的设计应遵循以下六项基本原则：

①目标性原则。课堂教学目标是课堂教学的出发点和归宿，是课堂教学的核心和灵魂，它直接制约着教学内容、教学策略、教学媒体、教学组织形式、教学评价等方面的实施。所以，课堂活动应围绕教学目标，为了实现教学目标来设计。教师设计的各项活动都必须有明确的教学目标，每个活动的设计都要围绕教学内容展开，每个活动的设计都应以达成教学目标为导向。

②主体性原则。课堂活动应以学生为主体，要真正体现学生的主体地位，树立"以活动促学生发展"的指导思想，使活动真正具有教育价值并适合学生，使活动真正为学生的发展服务。要能使广大学生全身心地投入活动中去，充分发挥学生学习的主观能动性，调动学生多种感官参与活动，做到身动、口动，更要心动，通过活动促进学生的全面发展。因此，教师设计的课堂活动应面向全体学生，充分考虑学生的个体差异，赋予学生选择活动形式的权利，保证各类学生都能够选择适合自己的学习方式，设计适合学生年龄特点、认知需求的形式多样的活动，使所有学生都能参与到课堂活动中去，给学生提供展示自我的机会，引导学生积极投入学习，使学生从活动中自主获得知识和解决问题的能力。

③趣味性原则。在设计活动时，教师应以学生的生活经验和兴趣为出发点。课堂活动应该尽可能模拟和贴近学生的真实世界，以解决学生在现实生活中遇到的真实问题为学习任务，给学生创设尽量真实的语言环境，激发学生学习的兴趣，创造学生参与实践、直接体验、感性认知的机会。教师让学生在"做中学""学中做"，让学生在体验中感知语言、理解语言、应用语言，激发学生的参与热情，激发学习动机，让学生能够体验学习的快乐，体验自我实现的成功。

④多样性原则。为了让学生能够在语言学习的过程中更好地体验、实践、参与、合作与交流，课堂活动设计的形式要多样。单一的课堂教学形式能使学生猜测到在接下来的课堂中将会发生哪些事情，这种情况不仅会使学生产生厌烦心理，而且无法组织有效的互动活动。为了避免学生参与单一活动而产生厌烦心理，课堂活动应该形式多样。多样化的课堂活动形式有利于保持学生的注意力，激发学生参与活动的积极性。就活动的组织形式而言，既要有 individual work、class work，更要有 pair workgroup work，而非只停留在老师问、学生答的层面。可以开展头脑风暴、游戏、讲故事、猜测、角色扮演、采访、表演、调查、辩论等多种形式的活动。活动的方式可以采用启发式、讨论式、探究式、合作式等方法。多样性的课堂活动能够充分调动学生的学习积极性，激发学生参与活动的热情。

⑤适切性原则。设计的课堂活动既要与学生的生活经验和已有认知结构建立有机联系，又要与教学内容本身存在逻辑意义的、实质性的内在联系。活动应符合学生语言基础和认知水平，要适合学生的年龄和心理特点，要真正适合学生的兴趣需要、生活经验。不同年龄的学生在身体、智力的发展及知识水平、兴趣爱好上有着巨大差异。因此，课堂上开展的活动必须根据学生的实际情况而有所变化。活动的广度、深度、难度要符合学生的年龄、实际知识水平和语言能力，难度适中；合理安排活动时间、任务分配；活动指令要简练、清晰，使学生乐于参与活动。

⑥渐进性原则。课堂活动的先后顺序必须符合学生认知发展的规律，符合教学目标的认知层次要求。知识和技能的学习体现为不同的层次，因此在设计活动时必须关注到每个环节学习活动的认知层次，遵循由易到难、从简到繁、由浅入深、由表及里的原则，形成由初级任务向高级任务循环，以及高级任务涵盖初级任务并由数个微任务构成的"任务链"的任务阶梯，使教学层层推进。例如，所学课文是有关找工作的，活动任务是要求学生写一封求职信。那么活动设计的第一步是让学生阅读课文，了解求职的相关信息；第二步是布置任务，要求学生

写一封求职信；第三步是给学生提供几封求职信的样本，组织学生分析，然后各小组根据课文的求职相关信息，参照所给求职信的内容、格式，完成求职信；第四步是展示成果，教师点评。这一活动设计过程遵循了知识先于理解、理解先于运用的认知先后顺序。

2. 划分单元、课时及教学内容

在进行课堂活动设计时，教师应深入钻研教材及教师教学用书，充分了解教材的编排特点、各部分的内容、难易程度，准确把握全册各部分要学习掌握的知识、技能等内容及彼此间的关系，同时结合学生的认知结构、年龄特点、知识水平等情况，按照课标及教学目标的要求科学地划分单元、课时，合理安排教学内容。

单元的划分可以根据教材内容将其分为几部分或单元。有的教材编写时已经将单元分为 Lesson 或 Unit，教师就可以按照 Lesson 或 Unit 的方式划分单元。由于教材每单元的分量不一，难易程度不同，每单元所需要的课时数不同，有的需要课时多些，有的需要课时少些，因此要把握每单元的知识系统，将每单元划分成合理的教学课时，既要确定好每单元的课时数，又要分配好每课时的教学内容。在划分教学内容时，有时也可以打破教材内容的顺序来划分每课时的教学内容。划分课时教学内容时，要切实做到两点：一要尽量保持每单元知识结构的完整性，不能因课时划分把知识体系割裂，打乱教材内容的内在逻辑关系；二要尽可能控制好每课时的教学容量，应结合学生的基础和教材的编排特点尽量做到适中和均衡。各课时教学内容的安排要得当。既不要安排得太少，让宝贵的课堂教学时间闲置；也不要安排得太多。

3. 创设活动的环境、语境及情境

初中英语课堂活动的效果取决于活动的质量，因此教师要根据总体的和阶段性的教学目标精心设计活动。活动离不开环境、语境、情境。活动就是要改善环境，利用语境，创造情境，使学生能够参与、乐于参与并在参与中得到听说读写、学习策略、思维能力等方面的有效训练，培养学生的情感态度和文化意识。

（1）创设活动的环境。

对外语教学而言，环境是指包括主客体在内的环境，即内在环境（学习者及学习者学习外语的心理认知过程，学习者认知所学语言、认知该语言的规律和认知语言所反映的外部世界），是存在于主体（人）与客体（外语及其含有的社会因素和所反映的物质世界）相互间的各种因素的总和。这里的环境指英语课堂教学的内部环境，即与活动相关的条件。组织活动要考虑环境因素，即各方面的条

件：学生（认知水平、思想状况和英语基础）、教学内容（教材、阶段要求）、渠道（听、说、读、写）、方式方法（教师的计划与组织）等。若不考虑环境，活动容易脱离实际。创设活动的环境就是要发挥教师的主观能动性，根据各种因素所处的状况，找出恰当的联结点，使之互相联系起来，使各因素处于最佳的互相联系、互相作用的状态，促进语言知识向听、说、读、写技能转化，保证良好的效果。

（2）创设活动的语境。

语境即言语环境，包括语言因素，非语言因素。上下文、时间、空间、情景、对象、话语前提等与词语使用有关的都是语境因素。语境是语言赖以生存和发展的环境，也是语言交际所依赖的环境；而语言活动则是学生在语言环境中实践、体验、习得语言的主要途径。对任何一个学习第二语言的学习者来说，在他学习语言的全过程中，无论是语言输入（language input），还是语言输出（language output）都必须寻求一个适合目的语发展和运用的空间，那就是语言环境。第二语言的习得不是靠教师的讲、学生的学所能达到的，语言的生命力最终取决于语言环境的创设，人们只有将所学的语言知识和语言技能放在语言环境中运用，语言的交际能力才能形成。

使用者必须掌握语言在真实社会语境中的使用原则，因而，教师在设计活动时要尽量设计贴近学生生活实际的活动，做到活化教材，根据所学话题的不同，设计商店购物、图书馆借书、银行取钱、生日聚会、看病、打电话、问路等生活场景，让学生在实际的场景中运用语言。利用教具、实物、图片、音乐、幻灯、电影、录像、视频等手段为学生创设生动、形象、有趣、真实的语言环境，让学生在真实的语境中学习语言，掌握语言的交际功能，培养学生在具体的语境中运用英语的能力，从而形成真正的交际能力。真实的交际语境让学生感受到处处可以学英语，处处可以用英语，人人都能学英语，人人都能用英语。这种价值认同感将会成为激发学生学习英语的真正原动力，让学生从内心喜欢学习英语、愿意学习英语。

英语课程提倡采用既强调语言学习过程，又有利于提高学生学习成效的语言教学途径和方法，尽可能多地为学生创造在真实语境中运用语言的机会。鼓励学生在教师的指导下，通过体验、实践、参与、探究和合作等方式，发现语言规律，逐步掌握语言知识和技能，不断调整情感态度，形成有效的学习策略，发展自主学习能力。结合学生生活实际创设语境，在真实的语境中学习语言，会给学生留下深刻的印象，不仅可以更好地掌握语言的形式，而且可以更好地把语言形式与语言意义联系起来，掌握语言的语用功能和交际功能，最终形成交际能力。

（3）创设活动的情境。

情境一般指进行某种活动时所处的背景，这里是指根据教学的内容，学生的实际情况，在课堂活动中创设贴近学生实际、贴近生活、贴近时代的情境，把教学内容与学生的日常生活联系起来，使学生有身临其境的感觉，激发学生参与活动的愿望，让学生在接近生活的情境中运用语言，从而使活动收到良好的效果，促进教学目标的实现。形象、具体、真实的话题往往更能引起学生的兴趣，所以教师应充分利用和挖掘教材中的生活化素材，从学生的生活实际和兴趣爱好出发创设情境。情境创设要合理，要符合学生的年龄心理特点，活动要紧密联系学生的学习和生活实际，要有利于发展学生的智力、思维及学生综合运用语言能力的培养。情境创设的方法是多种多样的，可以通过实物、图片、简笔画、幻灯、投影、视频、动画等创设情境；情境创设的形式可以是游戏情境、表演情境、故事情境、问题情境、生活情境、联想或推理情境、自主学习情境及任务情境等。教学中教师应该根据教学目标、内容及学生实际情况合理选择情境创设的方法。

4. 在课堂活动中合理选择媒体

教学媒体有传统教学媒体和现代教学媒体之分。传统教学媒体指实物、书本、黑板、图片、模型、挂图等直观、简单的"不带电"媒体，现代教学媒体指幻灯、投影、录音、电视、录像、多媒体等电教媒体。各种媒体既具有自己的特性、功能和优势，又有其局限性，没有哪一种教学媒体可以适应所有的教学情境，可以满足一切教学内容和教学对象，因此，科学、合理、恰当地选择媒体，最大限度地发挥它们的功能和优势，是提高英语课堂活动质量的重要途径。选择教学媒体就是在一定的教学要求和条件下，选出一种或一组适宜可行的教学媒体。由此可见，精心选择的媒体可以收到很好的教学效果：为学生营造真实、生动、丰富、愉悦的学习情境，有助于增强教学的吸引力和感染力，激发学生学习兴趣；有助于加大课堂容量，提高学习效率；有助于学生对事物的理解和加深记忆等。通常而言，选择教学媒体的依据有以下方面：

（1）依据教学目标选择媒体。

教学目标是贯穿教学活动全过程的导向，是媒体类型和媒体内容的选择依据。课堂上开展的每个活动都有具体的教学目标，为达到不同的教学目标需要恰当地使用不同的媒体来呈现和传递教学信息。例如，以训练听说技能为目标的活动可采用录音、录像、课件、多媒体等现代媒体创设语境，给学生提供生动、真实的交际语言范例，使学生在外语环境中提高听说技能。以培养读写能力为目标的活动则需要大量的文本媒体和电子媒体呈现语言材料，提高学生的读写能力。

（2）依据教学对象选择媒体。

不同年龄阶段的学生对事物的接受能力不一样，选用教学媒体时必须考虑他们的年龄特征和心理特点。对不同年龄和不同知识水平的学生，应选用不同的媒体。选用的媒体应能吸引学生的注意力，激发他们的学习兴趣，便于学生理解和掌握所学知识。例如，对于小学生，可多采用幻灯、投影、图片、录音等直观性强、表现手法简单明了的媒体，让他们感到新奇、有趣，激发在他们年龄层次特有的好奇心，从而自觉地、积极地参与到教学活动中来；而对于已具备较强的逻辑思维能力和自我控制能力的初中生而言，为他们选用的媒体就可以广泛一些，可以使用那些表现手法较复杂、展示教学信息连续性强的媒体，如录像、电影、多媒体课件等。

（3）依据媒体的特性和功能选择媒体。

各种媒体具有不同的特性和功能，每一种媒体在色彩、表现力、可控性等方面都是不同的，因而每一种教学媒体呈现教学信息的功能和能力也不尽相同，使得某一种媒体应用在某个特定的教学环境中要比其他媒体更为有效。总而言之，在教学活动中，应该把性能各异的媒体进行合理的优化组合，使传统媒体与现代媒体相结合，互相弥补，和谐并存，扬长避短，相得益彰，充分发挥各种媒体的优势，在多种媒体优化组合创造的情境中调动学生多种感官参与学习，加深对知识的理解，取得最佳教学效果。

（4）依据教学条件选择媒体。

在选择和使用教学媒体时，先要考虑教学效益，同时也要考虑经济效益。能否获得所需要的教学媒体，要看现实的客观条件是否允许，其中包括资源状况、经济能力、师生技能、使用环境、管理水平等因素。此外，还要考虑媒体的成本、可获得性、技能要求、维护要求、学生偏爱等实际因素。要选择既能达到最佳教学效果的，又易于获得的且成本较低的媒体。总而言之，教学媒体的选择是一个决策过程。

三、初中英语课堂活动设计的主线思维

在教学活动中，英语是非常重要的一门学科，英语的核心素养主要包含四个部分，即语言能力、思维品质、文化素养以及学习能力。从传统的初中英语课堂教学的过程来看，传统教学模式通常只注重提高和发展学生的英语语言能力，不

注重培养和提升学生的其他能力，正因如此，发展学生的英语学科核心素养受到阻碍。所以，为了有效改善这种情况，教师应该加强其他方面的培养和发展。除此之外，教师还应该不断改进教学方式和完善教学内容，进而更加全面地培养和锻炼学生的英语学科核心素养，进而促进学生的全面发展。

（一）基于教材，锻炼学生的英语思维品质

在教学实践的过程中，教材是非常重要的辅助工具，其中包含了学生需要掌握的基础知识，可以指引教师制定正确的教学目标和方向。教师在教学的过程中应该把教材当作讲解和教学的重要内容，进而帮助学生夯实基础，并为培养学生综合能力奠定基础，全面提升学生的知识水平。在学科核心素养指导下，初中英语教师可以借助教材讲解基础知识，并帮助学生在学习的过程中形成独特的英语思维逻辑，由此锻炼学生的英语思维品质，帮助学生掌握正确的学习方法，促进学生学科素养的发展以及全面发展。

在教学实践的过程中，为了有效提升和巩固学生的英语综合能力，并为后续学习奠定基础，教师应该从教材出发，将教材研读透彻，然后通过课堂讲解帮助学生夯实基础。具体而言，教师可以从词汇语法和句型文章等内容入手，不断培养和提升学生使用英语的能力，并引导学生养成良好的思考能力和品质。例如，英语和汉语存在较大差异，两者的差异性主要体现在语序语法上。通常情况下，汉语会将第一人称放在最前面，比如"我和你"。但是，英语的表述方式截然不同，英语中的第一人称通常放在最后，如"Sam、Jack and me"。所以，在教学的过程中，教师应该充分借助教材，正确引导学生，帮助学生形成良好的思维习惯，进而促进学生英语学科核心素养的发展。

（二）掌握方法，增强学生的英语学习能力

掌握正确的学习方法能够有效提升学习的效率，起到事半功倍的效果。在教学过程中，教师作为学生的引导者，不仅要进行知识的讲解，更要将学习的方法与技巧传授给学生，推动学生知识水平以及能力的全面协调发展。在学科核心素养指导下的初中英语课堂教学过程中，教师要秉承"授人以鱼不如授人以渔"的思想，在讲解英语知识的基础上，帮助学生找到适合自己的学习方法。从而提升学生的英语学习能力和效率，实现英语核心素养的发展。

在初中英语课堂教学过程中，教师要发挥自身的作用，对学生进行学习技巧与方法的指导教学，帮助其实现英语学习能力的提升与发展。例如，在进行词汇

的记忆与掌握时，教师可以对常用的记忆方法如"联想记忆法"和"综合记忆法"等进行讲解，让学生通过类比对词根与派生词进行系统的记忆，或者让学生借助句子联系上下文对单词进行理解。如"I have no money in my wallet"中，"wallet"对于学生而言是生词，教师可以让学生结合前面的"money"猜测出其含义是"钱包"并进行记忆。从而让学生掌握并灵活地运用合适的方法进行英语知识的学习，实现其英语学习能力的发展与提升。

（三）运用实践，培养学生的英语文化品格

教师在教学的过程中应该为学生提供充足的实践机会，以此培养和提升学生的实践能力，此外不断深化学生对知识的理解，提升学生认知。在教学实践中，为了促进学生的英语核心素养的发展，教师应该在讲解知识的过程中创造更多样的应用机会，让学生通过实践增加对知识的理解程度，进而巩固学生学习的知识。除此之外，通过实践培养和提升学生的英语文化品格，促进英语核心素养的发展。

实践可以让学生更加理解所学知识，可以帮助学生巩固知识。为了促进英语学科核心素养的发展，教师在课堂教学实践的过程中应该不断加强对学生的训练，以此培养和提升学生的英语能力。此外，教师还应该不断强化学生的英语实践能力，进而增强学生的英语文化品格。例如，在学习"Our Hobbies"一章节的内容时，教师可以从自身入手，向学生介绍自己的爱好，然后以小组的形式开展实践练习，以此提升学生的英语口语表达能力。除此之外，教师还可以让学生通过英语学习掌握更多的语言知识，增强学生的实践能力和应用能力，进而促进学生的全面发展，促进英语学科核心素养的发展。

初中英语课堂教学实践在学科核心素养的指导下，改进和完善了教师的教学活动，并在此基础上促进了学生英语能力的全面发展。教师在实践教学的过程中讲解教材中的基础知识，以此培养和提升学生对英语的思考能力，全面提升学生的英语文化品质。除此之外，教师还通过指导学生的学习方法提高学生的学习效率，不断增强学生的学习能力。教师为学生创造了实践机会，帮助学生巩固学习知识，进而提升学习品格。在教学实践的过程中，教师不断调整和完善教学活动，不断提升教学效率，促进英语学科核心素养的全面发展。

第五章 核心素养下的英语大单元教学

第一节 大单元教学下发展学生核心素养

大单元教学是指一个学习单元由素养目标、课时、情境、任务、知识点等组成，单元就是将这些要素按某种需求和规范组织起来，形成一个有结构的整体。大单元教学可以改变学科知识点碎片化教学，将教材中存在内在联系的知识以及性质相同的语言点进行有效的重新建构，迁移、创新出新的知识体系，这样的课堂教学重复率较低，课堂教学的环节能够更加充实，从而真正实现教学设计与素养目标的有效对接。大单元教学下发展学生核心素养可以从以下两个方面着手。

一、整体分析，整合语篇，培养学生逻辑思维能力

阅读教学的核心目标以及核心内容是培养学生逻辑思维能力。在初中英语训练中，教师应先引导和启发学生，让学生可以形成自己的阅读体验。同时教师也要帮助学生掌握基本的阅读知识和技能，从而让学生养成良好的英语阅读习惯，在基本英语应用能力和思维能力都能够得到完善的同时，也能培养和提高综合素养。要想通过教学活动发展学生的英语学科核心素养，就需要教师对文本信息做整体的分析，包括单元主题的内容、语篇的文本结构特点，以及作者的观点和语篇中具体体现的核心素养内容。教师还要从主题内容、语篇特征和写作特点，以及写作意图和价值取向等方面对语篇做深入解读。

在研究单元里各个语篇时，教师不仅要注重分析每个语篇的内在关系，还要分析每个句子的结构以及固定的搭配等，以及段落与段落之间的关系和单元中语篇之间的内在关联，通过对单元语篇内容的分析发现学生核心素养发展的整体价值，也可以通过单元内语篇的内容和位置，调整语篇的顺序或者补充课外阅读内容。

二、善于听读，积极思考，提高学生思维的周密性

初中英语阅读的教学会让学生的综合人文素养得到提高，英语阅读能力是学习其他英语语言知识和技能的前提和基础。在英语阅读教学中，要想提高学生掌握基本阅读技巧的能力，以及提升学生的阅读思考能力，就需要教师引导学生养成良好的阅读习惯，这样才能培养和发展学生的核心素养。

提高学生的英语阅读水平是培养学生英语思维能力的重要途径。在英语阅读过程中，学生要理解和认识语篇，阅读的思想要贯穿在整个阅读活动的过程中。在英语阅读的过程中，学生主要通过思维来感受语言和把握语言，所以学生只有提高自己英语应用思维能力，才能加快阅读的速度，正确地理解文本内容。在大单元的教学中，学生具有周密的思维能力，才能完成单元的任务。因此，在大单元的教学中，不光要让学生学会在阅读中思考，还要让学生能够广泛地阅读，积累丰富的知识经验，通过单元内的语篇掌握阅读的方法，养成良好的思维方法和习惯。

①边听读边思考。教师在学生每次听读之前，都要先给出明确的听读任务。比如，第一遍要先明白语篇的主旨大意，第二遍要理清事实信息，第三遍要学会思考情感走向，第四遍就要专项地学习语言知识。

②由表及里，逐层深入。在阅读前要先思考简单的、字面上的意思，然后思考复杂的、内在的情感等。大单元的整体设计可以分别从纵向和横向来看，从纵向看，包括学习理解类活动、应用实践类活动和迁移创新类活动，在问题链的设置上，有事实信息类的问题、语音应用类的问题和评价类问题。教师在设置问题链的时候，首先要善于提出从理解到应用、从分析到评价等有层次的问题，只有这样才能引导学生的思维由低向高不断地发展。

③连类对比，分析异同。可以是同一主题语境下不同单元的比较，也可以是同一单元内的语篇的比较。通过对语篇的分析，学生的思维可以转变为，从提出问题到分析问题再到解决问题。在思维转变的过程中，学生可以非常清晰地总结出文章的内容，并结合自己的理解，绘制出整个模块的文本结构化的信息，然后模仿这一结构化的信息，完成单元的写作任务。

因此，大单元教学的目的不仅是培养学生分析问题和解决问题的能力，还包括让学生能够创造性地表达个人的观点以及情感和态度。通过教学，教师可以帮助学生掌握一些思维方法，让学生的意识和思维都变得更有层次感，使学生的英

语学科核心素养得到更好的发展。

第二节　核心素养下英语大单元整体教学

核心素养的界定经历了三个发展阶段：素养即技能；素养即学校教育传递的知识技能；素养即社会文化的创造。核心素养的基本要求就是真实性学习，它推崇批判性和创造性思维，归根结底它是课程发展的精髓。下面重点分析核心素养下英语大单元整体教学。

一、初中英语大单元整体教学的优势

首先，培养学生语音能力。在以往的英语教学中，很多英语教师在讲课的过程中都比较重视单词和语法的基础知识学习，这样的教学方式虽然能够提高学生的基础能力，但是学生在学习时仍然无法灵活使用单词和短语语法，如此不利于提高学生的英语学习能力。然而利用大单元的教学方式，教师以整体知识体系背景为前提开展教学，可以让学生更好地理解和运用单词以及语法和短句，使学生的综合素质得到提高。

其次，培养学生自主学习习惯。开展核心素养的教学方式，需要老师在充分利用教材拓宽语篇资源的同时，开展单元整体英语的教学。教师在授课的过程中，帮助学生意识到获取全面信息的重要性，以此激发学生的自主学习能力，让学生形成良好的学习习惯。

再次，营造和谐氛围。在大单元教学过程中，教师可以结合学生的个人特点，再根据丰富的教材内容，以及独立的单元学习场景，让学生投入到学习氛围中；也可以组织小组教学的方式，来鼓励学生更多地沟通和交流，让学生可以更真实地体验单元的语言环境，使学生英语口语能力得到提高。

另外，提高英语应用能力。从以往的教学情况来看，对于大部分的初中生来说，英语还只是停留在只会写，不会说的状态。所以采用大单元整体教学的模式势在必行，以期让学生听、说、读、写的能力都能得到全面的发展和提升。在学习的过程中，教师要不断鼓励学生，让学生自主观察、收集、学习、分析、解决英语学习过程中存在的问题，从而提升学生的英语应用能力。

二、初中英语大单元整体教学的设计

（一）进行整体感知

单元整体教学模式的开展，对教师的备课有很高的要求。首先，教师在备课时，要将整本书的课时都放在一起去设计，设计的内容要包括目标以及达成的效果，还要涉及课堂活动以及布置作业等多个方面；除此以外，还要把控英语教材中板块的输入和输出，在突出每个课时教学目标之间的关联与纵深的同时，要更好地反映出单元整体教学的要求和理念。单元教学的目标里要求教师在了解学生现有的英语水平的基础上，设置最近发展区。在最近发展区中要设置目标课时，教师在充分解读教材的前提下，对单元教学目标进行整体的设计，以此来确保各课时的目标可以呈现螺旋状的上升趋势。

（二）开展分步教学

大单元整体教学的特点是组织架构中贯穿着整个单元的线索、模块以及单元话题。为了实现整体教学的基本目标，在教学设计过程中，要围绕着该内容进行分步教学设计。在大单元整体教学的过程中，由于教师在课前已经设计和了解课程的主题内容，所以在接下来的教学设计中，要围绕课程主题进行任务的设计，并且要处理好相互之间的关系。下面以学习"Colours"举例阐述。

①活动设计与线索。设计的基本标准是线索要贯穿于整个教学活动中。特别是在教学活动设计时，要时刻谨记线索，要符合线索呈现的要求。通过对教材内容的梳理，可以将颜色分为种类、名称以及象征意义三个主题。通过对颜色的详细解读，得出什么样的人适合哪种颜色，从而实现颜色与使用者之间的相互照应，从而呈现出使用颜色的主题线索。

②一致递进。设计各板块教学目标时要体现目标的一致性，还要根据学生的实际情况，做全方位的统筹和控制，以此来保证目标的宽度和广度。目标的递进指的是在课型特点的基础上，要关注各个板块之间的联系性，在不同课型中要保证对学生的思维训练具有差异性。

例如，在 Reading 环节中，让学生选择自己喜欢的颜色，并将颜色分成冷色与暖色两种类型，根据所选的颜色进行分类。在 Task 课时中，教师让学生分析图片中的颜色搭配是否合理，并给出理由。在两个课时中，根据学生实际情况进行分组讨论，促使学生积极踊跃回答问题，融入课堂氛围中。在教学过程中，由于学生对文本的细节还未掌控，只停留在初识文章的水平，尚未了结学习内容之间的关系。因此，教师需要设计关键词复述环节，巩固所学内容，奠定后续学习基础，提升学生的"说"的能力。

（三）实现知识输出

单元教学不仅要完成对知识的整体输出，还要符合单元板块之间的内外逻辑要求。在单元教学的过程中，教师要将听、说、读、写四方面相互结合，让学生能把听和读转化成说和写，以此来实现单元教学整体知识的输出。在教学过程中，教师也要根据主题进行阶段性的输出。

（四）注重提前预判

大单元的整体教学和单课时教学内容相比，不光教学内容存在差异，时间上也存在一定的跨度。所以在实施教学的过程中，教师需要有提前的预判能力，注意教学过程可能会给教学效果带来的影响，并要及时地实施相关的保障措施。教师的教学过程也要根据实际情况进行相应的调整。教师在记录和分析教学目标完成情况时，要根据任务和学生的表现展开分析，帮助学生建立自主学习的意识。

（五）展开课堂探究

在初中英语大单元的教学活动中，教师要领导学生对单元知识内容进行探究。当今时代，我国传统的英语教育工作者中的部分教师虽然对于英语大单元整合教学的发展有所关注，但是在辅助教学方法的采用上却出现了错误，还有部分教师通常是自己搜集整合和分析英语大单元的资源，然后将重点和难点知识教给学生。上述教学方式是一种机械性的教育模式，无法培养学生主动学习的思维和能力。因此，在当前情况下，英语大单元的整合教学活动不仅要求教师引领学生展开研究，还要能让学生掌握学习的主动权。

第三节　学科核心素养下大单元教学设计

一、学科核心素养下大单元教学设计的理念

大单元教学设计要以对话或者阅读等多样的语言材料为依据，学生可以通过

单元话题以及单元任务的引导，在教师的引导下，通过自主学习和小组合作等方式，来感受到学习材料所展现的意义以及语言知识和文化的价值，尝试用英语交流、探讨语篇的主题意义，从而逐步形成一定的语言能力和文化意识，提升思维品质以及学习能力。大单元的教学设计主要强调以下三方面的内容：

（一）注重知识间的联系和整体性

大单元教学设计主要强调从单元的高度来统筹学习的内容，并且强调知识之间的内外联系和整体性，竭尽全力地改变传统单一的碎片化的知识讲解，同时将语言知识的学习统筹在单元话题中，从而将零散的语言知识与富有意义的语篇相互融合。然而传统的教学设计往往忽略了单元的整体性，所以出现各课时各自孤立并且缺少联系的现象，具体表现在三方面：首先，教学目标的设计孤立，重视每个课时的教学目标的具体化，缺少具有统领作用的单元教学目标；其次，教学活动的设计缺少主题引领，听说读写的训练较为孤立且互相割裂，更甚将单词、句子、语法等割裂开来，缺少大单元这一上位概念，不利于学生从整体上建构语言知识体系，阻碍学生语言能力的发展；再次，教学评价活动单一，缺少综合性单元评价任务，难以提高学生的综合实践能力和语言运用能力。

（二）应以真实的社会情境为依托

众所周知，情境认知理论认为，只有在真实情境下的学习才是将知识视为个体与社会之间联系的属性以及互动的产物。个体知识结构形成的源泉是社会情境的文化实践。与其他学科相比较，英语学科是一门实践性比较强的语言学科，因此只有在真实的社会情境中才能产生意义。然而英语学科的真实素养往往需要在真实的社会情境下进行语言构建的过程中才能体现出来。此处所谓的情境，也就是教学中所使用的语境。语境只有是从现实生活中发生的才能具有一定的真实性，才能引发学生的联想以及思考。所以只有真实的情境才能激发学生的学习动机和积极性，才能使学生在已有经验的基础上去积极地自我构建。

（三）教学中强调以学习者为中心

大单元教学设计中应该强调以学习者为中心，同时要关注学生的主体地位。因为听说读写的过程其实就是语言的构建与应用的过程，因此只有以学生为中心，并且关注学生的主体地位的教学设计才是有效的。在教学设计中，应首先考虑学生当前的语言能力以及水平情况，并且要考虑学生在学习过程中的效果以及反馈的情况。

二、学科核心素养下大单元教学设计的路径

着眼于大单元教学的整体性、真实性和学生主体性等特征，大单元教学设计应该从以下方面着手：

（一）树立大单元意识，明确单元整体目标

树立大单元意识，就要重视以话题为中心的大单元教学目标的整体设置，然后使课时的目标能够服务于单元的整体目标。单元目标属于是宏观角度的，既包括学生应该掌握的语言知识和语言技能，又包括要培养学生的思想态度以及价值观念，同时还包括提升学习技能和方法，需要注意的是并不是说有了单元目标就没有了每个课时的目标，具体详细的课时目标是实现单元目标的保障，同时为单元目标的实现提供了切实可行的路径以及依据。

（二）深入研读单元语篇，挖掘育人的价值

大单元教育通常以单元话题为主线，以单元语篇为依据。教师需要深入地研究单元的内容，同时深入解读和分析单元中语篇之间的联系以及主题所代表的意义。此外，应该根据学生的认知逻辑和生活实际经验对单元下的教学内容进行整合或者重组，以便于单元教学目标的实现。与此同时，对于单元里的听说读写阅读文本，教师应该深入地研究，对于语篇的内容、价值意义以及语言特点等进行分析，可以帮助教师更好地挖掘语言文字背后所隐藏的文化价值，以便促进学生核心素养的养成。

（三）关注能力养成，推进语言习得与能力

需要同步进行语言知识的传授以及听说读写能力的训练，做到"你中有我，我中有你"。不能单单只是教授语言符号以及语法规则，因为听说读写能力的提升离不开对语言本身的理解。在阅读训练的过程中，要试着引导学生在对话或者语篇中去发现和归纳总结语言规则，也要让学生在学习之前能够提前感知语言。这样在接下来的语言运用过程中，学生在语言运用上出现错误的机会也能够有效减少。

（四）灵活进行评价，贯穿教与学的全过程

教与学的过程中应该贯穿单元的过程性和综合性评价。过程性评价关注的是学生的学习过程，要求每个课题的教学设计中融入灵活有效的教学评价任务，可以随时检测学生的知识掌握程度。有效的活动以及情境要求学生要能够运用本节课所学的知识以及以往所掌握的知识来完成有关听说读写的实践活动。然而评价的综合性则是在完成一个单元的教学后，对学生能否在这一单元话题下完成相关的综合性任务进行检测，并且综合性任务最好具有趣味性以及综合性，同时也需要学生采取一定的学习方法和策略，这样可以提升学生英语语言综合运用能力以及完成对思维的综合性训练和评价。

第六章　初中英语大单元教学实践研究

第一节　家国情怀下英语单元大问题设计

家国情怀是指一个人对国家和社会发展的高度认同。文化意识是英语学科的核心素养之一。家国情怀既是语言中文化意识的体现，也是英语学科德育的重要主题。一般而言，初中阶段学科德育核心要求中，与家国情怀有关的内容，具体如下。

首先，通过收听和阅读相关的英语资讯感知祖国的建设成就。

其次，通过今昔对比展望未来，充分了解实现祖国建设成就的途径，可以运用英语简单介绍学习收获以及学习感受，进而充分理解生态文明以及和谐社会的价值。

再次，通过收听和阅读英语媒体资讯了解祖国的基本国情，具体内容包括城乡建设、经济社会发展等，在讲述社会热点时，可以简单使用英语，并形成良好习惯。

最后，收听和阅读与祖国历史文化相关的英语篇目，可以使用英语简述中国历史文化，学习中华民族优秀传统文化，可以简介祖国的文化习俗。

在英语教材中，和家国情怀直接相关的教材内容比较少，但是，教师应该掌握和传达相关的教材内容，在挖掘教材内容的过程中使用单元重组的方法，不断丰富德育内涵，引导学生积极参与试听活动、阅读活动以及写作活动，让学生全面理解和感受中华优秀传统文化以及社会历史变革，帮助学生形成良好的家国情怀和对国家的认同。

在初中英语学科德育的教学目标中，最主要的目标之一是培养学生的家国情怀。在设计初中英语教学内容的过程中，聚焦家国情怀，在德育引导下设计单元教学。其中，单元大问题是由教师依据单元内容以及单元主题提出，贯穿于整个教学过程。在学习单元内容之前，学生思考单元主题意义，经过单元学习之后，加深了学生对单元主题意义的理解和认知，由此形成正确的价值判断。新课标要求教师应该不断强化素养立意，应该充分挖掘育人价值，此外，还应该以单元主题为中心，明确单元教学主线以及育人目标。初中英语教材中的每一个单元都有独立、相关联的语篇。因此，单元大问题可以帮助教师明确教学主线，让单元内容相互关联，进而实现育人目标。

一、分析单元主题，确定单元大问题

通常情况下，单元问题的提出时间应该处于单元教学初始阶段，在这个过程中，单元大问题是整个教学过程的先行组织者，将前面的知识和后续的单元知识串联在一起，激发学生的学习积极性，引导学生思考单元教学的意义。所以，设计单元大问题时，教师需要全面分析单元内容。教师应该先建立育人蓝图，明确单元教学的主题，激发学生的学习积极性，进而帮助教师实现育人目标。教师建立育人蓝图主要包含两大步骤，具体内容如下：

一是明确育人目标。单元教学设计的落脚点是确定育人目标，所以，教师在设计单元大问题时，应该先明确目标，保证单元育人教学是围绕立德树人开展的。

二是单元教学结构图的绘制。在绘制单元教学结构图的过程中，先分析单元语篇文本，由此，教师可以理清单元大问题和单元教学的关系，并且，在教学的过程中以这一关系为指导，明确具体内容。

二、把握德育主线，需要紧扣大问题

教师在设计单元教学的过程中需要紧扣单元大问题，并以此为基础设计学习任务，另外，还应该把握好德育主线，引导学生不断深入认识大问题，进而帮助学生形成家国情怀。单元教育主线的把握不仅要关注纵向主线，还需要关注横向主线，横向主线是指课时主题之间的关系，纵向主线是指学生对单元大问题的认知程度以及德育教育的内化程度。通常情况下，教师应该引导学生了解更多相关课程的背景知识，进而提高学生的系统思维能力。教师在教学的过程中可以依据德育主线设计相关教学活动，比如课堂设问等，此种做法可以帮助教师更加高效地完成教学目标，进而深化学生对德育素养的内化程度。

三、引导综合实践，形成学习成果

从英语德育成果来看，该学科的德育教育不应该只局限于英语课堂。不管是在学校的主题教育活动中还是在班级的主题活动中，都蕴含着非常丰富的德育契机。教师应该重点研究和实践跨学科、周期长的综合类作业，设计综合实践类作业，创设教学情境，把课堂内容延展到课外，并在班会课活动中融入英语德育主题内容，让学生通过实践形成良好的家国情怀，进而全面提升学生的学习积极性，帮助学生收获有价值的学习成果。

完成单元教学之后，教师可以根据学生的具体情况设计真实的情境，让学生积极完成综合型实践作业。比如，我国的母亲河——长江，近些年，"长江经济带"不断发展，长江流域的生态环境和发展状况也随之越来越好。现在，我国计划建设"长江经济带博物馆"，需要制作一个博物馆展板，用于简介长江流域的生态环境以及发展情况。教师应该创设相关情境，激发学生的学习兴趣。随后，学生可以通过仿写以及查找资料的方式形成良好的作业成果，最后，教师通过图文并茂的方式引导学生形成家国情怀。

第二节　基于主题意义的英语大单元阅读

主题可以为语言学习提供主题语境和范围。学生探究主题意义的过程就是学生学习语言内容的过程，该过程直接影响学生对语篇的理解程度、思想发展水平以及学习成果。教师在选择学习主题时，应该从学生感兴趣的内容入手，并围绕这些内容选择合适的读物，然后引导学生评估学习主题。英语主题阅读可以包含很多学习活动，比如学习丰富的资源、学习项目研究、学习真实情境等。英语主题阅读的特点是学习主题具有中轴性、学与教的主体具有统一性、学与教的过程具有整合性以及学与教的时空具有开放性等。

主题阅读以学生的发展特点、认知程度、生活体验以及语言学习规律等因素为基础，选择基于大单元主题的阅读教材，让学生围绕阅读主题开展阅读活动，并且在这个过程中，不断丰富学生的情感体验，最终提高学生的交际能力、语言学习能力、批判新思维能力以及创造力等。教材大单元主题拓展阅读的内容建立在课本单元话题的基础上，通过阅读延伸让学生阅读同一主题下的不同文章，帮助学生不断开拓自己的视野，不断丰富学生的语言知识，进而提升学生的英语素养。

一、基于主题意义的英语大单元阅读原则

在以教材大单元设计主题为拓展阅读内容时，阅读材料的选择不仅要充分考虑文本的有趣、有价值以及简易等特点，还需要呼应大单元主题内容以及符合学生的语言水平和理解水平，具体而言，应该遵循以下几点内容：

（一）生活性原则

一般情况下，如果文本用于拓展语言阅读，那么，就需要综合教师的理解和实践以及学生的学习经验，只有这样，才能帮助学生将语言教学内容运用到实际生活，并且，这种方式具有典型性和挑战性。这种实践方式需要学生理解和体验人类语言的发展历史，需要教师和学生具备一定的语言基础，还需要教师和学生掌握相关的生活经验和知识，进而引起他们的共鸣，让他们深入阅读文本内容，发掘语言知识、学习和现实生活之间的关系，对这一学习主题产生浓厚的兴趣，并对其深入思考，从中感悟学习的意义，最终培养和提升学生的英语素养。

（二）思想性原则

拓展阅读文本应该以教材文本为基础，也可以在此基础上超越教材文本，不断丰富、拓展阅读的主题。阅读文本不仅需要包含教材大单元的英语基本理论、英语核心教学知识以及师生的个人实践经验，还需要具备深刻的内涵及寓意。目前，英语课程标准规定的三大阅读主题思想包括"人与自然""人与社会"以及"人与自我"。

（三）可读性原则

在泛读阅读活动或拓展性阅读活动中，选择的阅读材料必须符合学习者的阅读能力，必须具有可读性。并且，材料中的大部分词汇不会影响学习者对语篇的理解。如果阅读内容符合学生的认知水平，那么，学生在阅读的过程可以获得积极的体验。因此，教师应该结合中外文化差异以及阅读爱好等因素，组织具有现实意义的大单元文本活动以及复习活动，不断丰富学生的阅读知识同时，拓展大单元阅读教学。

（四）系统性原则

拓展英语阅读材料是对教材大单元英语文本的重要补充，因此可以帮助学生以本单元英语文本知识为基础，不断拓展学生的课外英语阅读知识。由此，在选择和收集拓展英语阅读材料的过程中，应该循序渐进，有计划性和系统性，进而培养学生形成良好的阅读思维习惯，全面提升学生的英语素养。

二、基于主题意义的英语大单元阅读策略

基于主题意义的大单元主题阅读策略是指在宏观架设主题情境的过程中，围绕单元核心话题整合和重构教材文本。在这个过程中，应该基于教材文本向外扩散，由此丰富阅读教学的内容。除此之外，应该以文本主题为核心，聚焦语言知识学习，不断深入思考和学习阅读教材。

（一）整合英语教材内容，有机融入拓展文本

1. 紧扣大单元核心主题，拓展阅读资源

依据加德纳多元智能理论可知，每个人的语言能力、认知能力等先天条件都不同，所以，阅读资源的主题越深入、越有意义，就越能深入情境脉络，越能帮助形成个人的知识体系，也更能被学生理解、学习和记忆。教师在英语大单元阅读教学的过程中，应该关注主题之间的内在关系，并不断拓展阅读资源，不断深化主线意识及主题意识。除此之外，教师还应该科学整合阅读资源，紧扣大单元核心主题，深入了解教学结构以及教学要求，以大单元教材编排体系为基础，不断创新和改编教学方法和教学思路。在这个过程中，不仅应该整合零散的教学内容，还应该不断丰富和拓展课外教学资源。

2. 依托教材话题，拓展阅读资源

在教学的过程中，教师应该以教材话题为基础，深入挖掘文章内容，促进深度学习。在这个过程中，教师还应该先研读文本，梳理清楚主线，充分利用语篇，学习系统化、结构化的知识，提高自身的思维能力；此外，不断内化提升，培养和提高语言能力。

（二）融合多模态文本，实践英语学习活动观

根据外语学习的活动观，英语课堂教学应该以活动为重要载体，以学生为主

体，以六大要素为基本的教学内容和评价内容，具体包括主题语境、语言知识、文化知识以及学习策略等，在处理文本的过程中，应该以具体的主题语境和语篇类型为基础，整合各类信息，加深学生对文本的理解，此外，还可以引导学生运用所学知识表达个人观点和态度。

（三）深入研读语篇文本，把握教学主题意义

英语教学的基础资源是语篇，语篇赋予语言学习主题、情境以及具体内容，在组织和呈现相关信息的过程中，围绕语篇的内在逻辑、文本特点以及语言形式，用于表达主题意义。在语篇主题的统领下，教师引导学生与文本和作者对话，引导学生深入理解文本思想，让学生比较、分析和表达自己的想法。除此之外，教材文本、拓展文本都应该聚焦主题意义，承载更加深层次的文化内涵以及价值。教师应该深入挖掘语篇的主题意义，将主题意义融入教材文本以及拓展文本中，不断丰富文本内涵，并且，通过探究不断深化文本，甚至超越文本，赋予文本不同的主题意义。

第三节　基于文化意识的英语大单元教学

"文化意识内涵丰富"的定义是对中外文化的理解和对优秀文化的认同，是学生在全球化背景下表现出的跨文化认知、态度和行为取向。大单元教学在初中英语中的体现具体为对教材单元内容的整合、融入与设计。与传统课堂教学不同，大单元教学打破了传授碎片化学科知识为主的教学方式，将重点放在帮助学生建构起系统化、整体化的学科知识结构。

对英语课程标准中的文化意识，可以从以下四个方面进行分析：一是比较与判断。注重学生文化意识的培养，帮助学生了解和比较中外文化之间的差异，让学生学会判断中华文化的重要时代价值并加以传承与弘扬。二是调适与沟通。在跨文化交流的全球大趋势之下，学生应学会同具有各种文化背景的人交流合作，从而促进自身的成长。三是认同与传播。学生学习一门外语的过程中，应注重将中外优秀文化做比较，要深入了解中华优秀传统文化，树立牢固的爱国精神与文化自信，不断提升弘扬中华优秀传统文化的能力。四是感悟与鉴别。在英语课堂上，要引导学生深刻理解中华民族优秀传统文化的精神内涵与时代价值，培养学生具有自信、自立、自强、自尊的民族精神。

下面以英语角口语项目学习活动为例，阐述基于文化意识的英语大单元教学事实路径。

一、活动前：自主学习——提高语言能力是基础

英语角口语项目学习活动的主要目的在于鼓励学生听、说、读、写、辩，充分利用信息技术和智慧课堂平台呈现中外优秀文化，使之成为重要的素材资源。教师需要将学习活动所需的视频、文本等提前准备好，将现代信息技术与教育教学紧密结合，引导帮助学生进行自主学习，采用同学间的写作交流和演讲辩论等形式深入学习，提升学生的口语水平和思维能力。

二、活动中：协作交流——提升学习能力是关键

英语角口语项目学习活动在很大程度上补充和拓展了课堂教学，该活动的重点在于开阔学生的视野，提升学生的国际交流能力，为国家培养出具有跨文化视野的优秀青年，以及在构建人类命运共同体建设中能够坚定中华文化自信和责任担当的青年。英语学习能力指的是积极应用和调整学习策略与方法、拓宽学习渠道与方式、提升学习意识与能力、培养英语学科核心素养。要想提升学习能力，可以从自主先学开始，打下牢固的语言基础，同时也为后续学习提供条件。

三、活动后：演讲辩论——发展思维品质是核心

英语角口语项目学习活动不仅可以在英语知识与交流技能方面对学生有所帮助，更重要的是，可以帮助学生走出英语课堂教学的紧张感，放松心情慢下来，感受英语学习的真实情境，领悟一门语言的文化育人功效，培养自身的坚韧品格，树立正确的人生价值。举例来说，在革命文化学习中举办演讲辩论比赛，可以选择"Long March Spirit"作为活动主题，让学生围绕"新时代，长征精神是否还需要坚持"的论点展开辩论。

演讲辩论形式的重点不在于说服对方，而在于引导学生学会通过收集、整理信息资源，能够独立思考并形成自己的观点，达到深度学习的目的，并且能够用隐喻语言正确表达观点。教师是项目学习活动的设计者，是活动中的引导者，也是活动后的评价者，在整个学习活动中具有规划、协助和启发的重要作用。

文化意识视域下构建大单元专题项目学习在英语角口语活动实践研究中并不成熟，但是大单元专题项目学习活动坚持以学生为中心，能够在很大程度上促进学生进行自主学习，拓宽学生学习英语的渠道，培养学生英语学习的关键能力，为学生的口语交流搭建平台，为我国青少年传承与弘扬中华民族文化之魂做出贡献。

第四节　初中英语大单元教学的有效实施

初中英语大单元教学的"大"主要体现在三个方面：一是教学内容大，也就是教师要将全部教材内容看成一个大的教学整体，厘清内容之间的前后上下联系，并分为多个相关的知识模块展开教学。二是教学架构大，也就是英语教师的眼光不能仅仅停留在英语学科上，还应该重视与其他学科之间的关系。三是教学视野大，也就是教师不能在教学过程中只重视知识点和考点，而是要横向纵向联系、课内课外结合。因此，作为新时代的英语教师，必须具备大单元教学的思想与观念，学会利用大单元教学培养学生的终身学习意识，在教学中充分发挥大单元教学的作用。可以从以下五个方面来分析初中英语大单元教学的有效实施。

一、运用信息化教学工具，提高大单元教学的质量

初中英语教学中的大单元教学离不开信息化教学工具，信息化教学工具能够在很大程度上提高大单元教学的效率和质量。在信息数字化时代，人们可以从越来越多的途径获取越来越丰富的信息，这也促使教育理念不断革新，要求教育工作不断创新创造，在教学工作中引入更多的信息化技术新手段，以学科教学为中心为学生呈现出更加丰富的教学内容。目前，教学工作中已经广泛使用了多媒体技术、微课等工具，大单元教学同样应该重视这类工具的辅助教学作用，应当充分利用信息化教学工具激发学生的学习热情，提升课堂的教学效率和质量，使大单元教学任务得以顺利完成。

举例来说，如果教学内容与"服饰""颜色"有关，那么信息化教学工具就会派上大用场，教师可以将静态的知识以动态的形式展示，比如讲解与服装相关的单词，就可以直接向学生展示图片，使学生从听觉、视觉等方面与知识建立联系，通过实物记忆单词，加深印象。在讲到服饰的颜色时，可利用信息化教学工

具来变换颜色，使学生的感受更加直观，能够通过建立颜色、服饰、英语单词之间的联系来动态地学习知识。这样的方法能够充分调动学生的头脑，使学生牢固掌握知识并做到活学活用。除此之外，现代化教学工具还可以活跃课堂气氛，使学生愿意主动参与到课堂活动中来，开阔学习视野，提高学习兴趣，从而更加轻松地掌握大单元知识。

二、确定大单元教学目标，落实完整知识结构构建

初中英语大单元教学需要制定明确的教学目标，构建完整的知识结构体系，并严格遵守教学设计原则展开循序渐进的教学，引导学生以每一堂课的学习目标为引领，有层次、有方法、有目的、有信心地完成课堂学习。

在传统英语教学模式中，教师通常以教学大纲和教材内容为依据开展教学活动，表现为零散式的教学风格。通常认为，传统英语教学模式能够将知识细化分解，层层渐进地传授给学生，学生通过积少成多的过程积累知识。在教师的思想中，传统英语模式能够逐步完善教学体系，容易被学生接受，因此一直以来都是教学工作所采用的主要模式。但通过对教学效果的分析可知，在传统英语模式下，学生的整体学习质量一般，学习效果并不显著，和预想有一定差距。深究原因，是因为传统英语模式不利于学生在过程中对所学知识形成整体概念，只有一层层学完之后，学生才能最终明白自己究竟学了什么。

因此，大单元教学模式取代传统教学模式是一种必然趋势。教师根据教学内容设置整体教学目标，然后将总体目标分为若干小目标，最后进行教学目标的整合归纳，整个过程是"总分总"的模式，可以帮助学生形成清晰的知识结构，从而可以根据目标有序完成学习，最终做到将所学知识自主联系起来，在大脑中形成科学的知识体系。

三、使用多元化教学方法，实现生动形象课堂创建

初中英语大单元教学应重视教学方法的创新性和多元化。这是因为，在大单元教学模式下，学生在课堂上接受的内容更加丰富，如果方法过于单一则会使学生失去学习热情，降低主动性与积极性，无法实现良好的学习效果。如果使用多元化教学方法，教师可以针对不同的教学内容选择更恰当的教学方式，使课堂更加充实，使学生从学习中获得更多的快乐，从而体现出学习的价值。

举例来说，在讲解英语词汇时，教师可以采用"语音+单词拼读"的教学方法，先向学生播放规范的发音，再带领学生朗读，随后学习词性、含义和拼写等，最后从整体认知上理解，使学生对词汇掌握得更加牢固。在讲解英语句子的时候，教师则可以采用"情境教学法"，可以通过动画视频等为学生创设媒体情境，帮助学生了解句子所应用的具体场景，从而更好地理解语句，还可以由学生根据文章内容进行情境演绎，通过口语表达来记忆句子结构、体会表达方式和具体使用。但无论采用哪一种教学方法，前提都是教师要对大单元教学有充分的整体认知，要在教学之前做好必要的准备工作，以便在课堂上得心应手地向学生渗透整体学习思想，推动学生高效学习。

四、开展分课时教学活动，明确循序渐进教学目的

初中英语大单元教学模式一定要明确"总分总"知识结构模式的具体含义，要深刻地认识到，单元教学内容十分丰富，不是一节课能够完成的，一定要在实践中充分落实大单元教学理念，以"总分总"概念为引领对知识进行分割，分模块、分课时地开展教学活动，引导学生循序渐进地掌握知识。同时，在学生完成一个课时的内容学习后，要引导学生将新学的知识与旧有知识联系起来，然后学习下一个课时，逐步形成知识的整体。此外，分课时学习的好处还在于，学生能够有更加充足的时间消化吸收所学知识，从掌握到应用，实现更加理想的学习效果。

五、应用思维导图的优势，助力学生明白知识结构

实施初中英语大单元教学必须要明确，学生并不十分了解大单元教学模式，甚至可能根本感觉不到其与传统模式之间的区别，因此，教师应通过具体的方法和教学手段向学生展示大单元教学模式，使学生有清晰的认知，如此将有利于学生明确学习目标，紧跟教师的节奏，将自主学习与有效互动结合起来，从根本上使学习更加高效。思维导图是十分有用的辅助工具，可以通过更加理想的方式展示知识体系，教师可充分利用其教学优势帮助学生构建英语知识结构，从而使分课时教学活动开展得更加顺畅有序。

综上所述，在初中英语教学中，有效实施大单元教学具有十分积极的正向教育意义，这一模式不仅是当前教育改革的有效举措，更是突出学生主体地位、满

足学生学习诉求的有效手段。目前，我国已经进入核心素养时代，需要站在更高的位置对学科教育的教学现状进行深刻分析，要让学生在大单元教学思想下践行深度学习，最终培养学生成为具有英语学科核心素养的社会所需人才。

参考文献

［1］范钟灵．探究式教学在初中英语教学中的运用［J］．中小学外语教学（中学），2006，29（4）：8-11．

［2］高峰．初中英语教学策略［M］．北京：中国书籍出版社，2016．

［3］高媛媛．基于主题意义探究的初中英语大单元阅读探索［J］．教学与管理，2021（13）：61．

［4］黄超群．跨文化交际在初中英语教学中的渗透［J］．吉首大学学报（社会科学版），2013：220-221．

［5］黄结梅．多模态教学模式应用于初中英语阅读教学的有效性探讨［J］．校园英语，2021（16）：125．

［6］刘梦岩，庄静．初中英语教学中的智慧课堂建构：变革、风险与效果提升路径［J］．现代中小学教育，2021，37（10）：36-41．

［7］彭海鸿．初中英语教学中任务型学习模式的运用［J］．甘肃教育，2021，（24）：97．

［8］乔红霞，陈璞．基于结构化教学的初中英语教学策略［J］．当代教育与文化，2021，13（4）：87-92．

［9］屈喜静．大单元教学下发展学生英语学科核心素养［J］．校园英语，2022（26）：43．

［10］沈小菲．初中英语教学中的情感渗透［J］．现代中小学教育，2012（2）：58-60．

［11］宋勇．初中英语大单元教学的有效实施［J］．新课程，2022（41）：214-216．

［12］孙方．核心素养下初中英语大单元整体教学设计与实施策略［J］．中学生英语，2022（32）：95-96．

［13］孙年琦．初中英语课堂教学应充分发挥学生的主体作用［J］．新教育时代电子杂志（教师版），2014（18）：252．

［14］孙淑珍．指向学科素养的初中英语教学策略［J］．中小学教师培训，2020（8）：66-68．

［15］汤燕瑜，蒋丽萍．中学英语课堂活动设计与实践［M］．苏州：苏州大学出版社，2013．

［16］田冬璇．元认知策略在初中英语词汇教学中的应用［J］．中外交流，2021，28（6）：667．

［17］王颖婷．初中英语教学中国际理解教育实践［J］．中小学外语教学（中学），2020，43（6）：44-48．

［18］文梦红．情感性支架在初中英语教学中的作用探析［J］．教育导刊（上半月），2013（4）：89-90．

［19］巫乔登．基于英语学科核心素养的大单元教学设计［J］．英语教师，2021，21（15）：

178-181.

[20] 席艳丽. 在初中英语教学中培养学生的自主学习能力 [J]. 内蒙古师范大学学报（教育科学版），2012（2）：131-134.

[21] 向东兴. 初中英语教学中培养学生写作能力的几点策略 [J]. 当代教育论坛，2011（6）：90-91.

[22] 杨海春. 学生发展核心素养视域下的课堂教学指南. 初中英语 [M]. 长春：东北师范大学出版社，2017.

[23] 杨玲. 刍议当代初中英语课堂教学活动效率的提高 [J]. 校园英语，2017（4）：149.

[24] 张冠文. 在初中英语教学中开展讲故事教学的尝试 [J]. 中小学外语教学（中学），2013，36（6）：6-11.

[25] 张立勇. 初中英语教学效果评价分析研究 [J]. 现代中小学教育，2020，36（3）：53-59.

[26] 张香玲. 浅谈初中英语教学中的听与说 [J]. 教育研究，2011（6）：55-55.

[27] 张艳，卢庆广. 文化意识视域下中学英语大单元教学研究 [J]. 基础教育研究，2022（8）：77.

[28] 张燕云，杨秀珍. 词块与初中英语教学 [J]. 内蒙古师范大学学报（教育科学版），2012（2）：122-124.

[29] 张致劼. 聚焦家国情怀培养的初中英语单元大问题设计 [J]. 上海课程教学研究，2022（Z1）：70.

[30] 周杰. 初中英语教学中的"学科能力"进阶 [J]. 教学与管理（中学版），2020（8）：63-65.

[31] 周金妹. 教材整合在初中英语教学中的运用 [J]. 教学与管理（中学版），2017（1）：46-48.

[32] 周仲楷. 初中英语课堂主题意义探究的教学活动分析 [J]. 黑龙江教育（教育与教学），2021（12）：36.

[33] 丁欣. 提高初中英语课堂教学有效性的策略初探 [J]. 科普童话·新课堂（中），2021（7）：115.

[34] 屠丽英. 核心素养下初中英语单元整体设计策略探索 [J]. 文理导航，2021（1）.